你所有的努力，都该被看见

张雁涵◎著

浙江工商大學出版社
ZHEJIANG GONGSHANG UNIVERSITY PRESS
杭州

图书在版编目（CIP）数据

你所有的努力，都该被看见 / 张雁涵著 . —杭州：浙江工商大学出版社，2019.1

ISBN 978-7-5178-3017-7

Ⅰ . ①你… Ⅱ . ①张… Ⅲ . ①职业选择—通俗读物 Ⅳ . ① C913.2-49

中国版本图书馆 CIP 数据核字 (2018) 第 245140 号

你所有的努力，都该被看见
NI SUOYOU DE NULI, DOU GAI BEI KANJIAN
张雁涵　著

责任编辑　谭娟娟
封面设计　新艺书文化
责任印刷　包建辉
出版发行　浙江工商大学出版社
　　　　　（杭州市教工路 198 号　邮政编码 310012）
　　　　　（E-mail:zjgsupress@163.com）
　　　　　（网址 :http://www.zjgsupress.com）
电　　话　0571-88904980　88831806（传真）
排　　版　新艺书文化
印　　刷　嘉业印刷（天津）有限公司
开　　本　880mm × 1230mm　1/32
印　　张　8.25
字　　数　157 千
版 印 次　2019 年 1 月第 1 版　2019 年 1 月第 1 次印刷
书　　号　ISBN 978-7-5178-3017-7
定　　价　49.80 元

目录

第二章

职场升迁管理

第三章

职场情商管理

自 序

对于很多人而言，职场是实现自我价值的沃土，但也有不少人觉得职场似乎是一个魔咒般的存在，诸多不如意轮番上演。也许因为工作本身，也许因为人际关系，他们总会面临各种各样的困惑而无所适从。

本人自毕业，历经职场小白、主管、总监，再到高管，后被外派国外，然后回国创业成为企业主，可以说体验了职场的各个层级的工作。这期间，内心经历的无奈与纠结，面对不公时心底的委屈，不得不应对钩心斗角的身心疲惫，我都有深深的体会。

从事心理学的治疗、教育和普及工作 15 年来，我观察到，职场的发展在国人心里所占的比重是非常大的。中国目前无法像欧洲某些发达国家那样，让国人每天只工作六七个小时，每周只工作 4 天半或者 5 天，全年 1/3 时间都在休假当中。在国内，特别是在很多互联网或高科技公司，“996”（每天早上 9 点上班，晚上 9 点下班，一周工作 6 天）是工作的常态，跟同事相处的时间远远多过跟家人相处的时间。在人际交往中，如此密切、高频的接触会产生更多纷争与困惑，如果无法及时化解，会导致更多心理问题的产生，或焦虑，或恐惧，或试图逃避，甚至抑郁。很多人向我抱怨：“我很努力了，为什么总不被周围人关注？不被领导看见？”

关于“努力”

相信大家一定看过很多鸡汤类的文章，此类文章让大家一定要“努力”，似乎只要够努力，够坚持，一切就能水到渠成一般。但这些文章却不曾讲清楚，如何才是正确的努力。有些努力是有意义的，但如果方向不对、方法不当，努力的过程必然充满煎熬且成果多半不尽人意。

关于“被看见”

生而为人，我们存在着，都期待着“被看见”。特别是在职场，“被看见”意味着会有更多的发展机会，有更高的价值体现。这是每个人正常的心理需求。有些人每天纠结于付出和收获不成正比；有些人默默无闻做了很多事，却无法有效“被看见”。

大道至简

我把世间的事情分为两种，一种叫“我能掌控的事情”，一种叫“我掌控不了的事情”。对于能掌控的事情，我竭尽全力；对于掌控不了的事情，我顺其自然。譬如死亡，我们没有能力掌控其不发生，我们可以掌控的是，在它到来之前，认真仔细地呵护自己的身心。譬如情感，我们掌控不了某个人必须如我们期待的那样爱我们，且不改变，我们可以掌控的是，让自己变得美好，成为一个有能力去爱，亦值得被爱的人。譬如职场，我们没办法掌控一切如己所愿，但我们可以通过正确的方向和正向的方法选择，通过努力实现自己的梦想。

这本书，其实就是给大家提供把自己能掌控的事情竭尽全力地做到最好的方式、方法。

这本书阐述了职场中每个人都或多或少要面临的五大核心问题模块，即职场选择管理、职场升迁管理、职场情商管理、职场沟通管理和职场关系管理，包含了30个常见的职场困扰话题。

在职场选择管理模块中，你将了解到，在选择职业之前经常被忽略的问题，以及如何选择才能事半功倍。

在职场升迁管理模块中，你将知道什么才是升迁必备条件，以及如何谈升迁最为有效。

在职场情商管理模块中，我将紧密结合职场话题，详尽解读自我情绪管理、如何与他人更好地互动、面对逆境怎样快速调整心境等，使你有效提升情商，使其成为职场发展助力。

我们很多的误解和分歧来自沟通。在职场沟通管理模块中，我将帮助大家迅速掌握沟通秘籍，成为职场沟通达人。

在职场关系管理模块中，我系统分享了职场关系范畴划分及具体管理技术，无论是上级管理、下级管理、平级沟通，还是办公室生存法则，抑或办公室恋情，甚至是客户关系，都有详尽的解读和处理方法。

在这本书中，我尽量用浅显的语言，为大家分析、揭示职场各种现象背后的心理本质成因。既有理论，也可实操，更能看得到成果。相信多年的理论研究与实际经验相结合的讲授，能够给大家带来不一样的感悟与收获。

愿大家可以“快乐工作，实现价值”。

第一章

职场选择管理

清晰地了解自己适合做什么，远比选择更重要。

选择职业之前，很多人的思路是：我要有一份工作，这份工作要非常好，最好是在一家知名企业，有好的待遇；或者职业上升空间很好，我可以有很好的发展；或者人际关系不复杂；等等。如果满足以上需求，就觉得自己可以加盟到那家公司。但这些就够了吗？如果够了，为什么有些人在这样的公司能如鱼得水，有些人却感觉非常不适应呢？我们似乎忽略了一些问题。那么，是什么问题呢？

一、分析自我型格

我擅长什么

半年之前，有一个在世界500强公司工作的人找到我做咨询，他是清华大学毕业的，他“抑郁”了。他为什么会“抑郁”？

他说：“我以前是在这家公司搞技术研发的，我想挑战自己，去做销售，我努力了一年，发现我以前那么优秀，但是现在在销售当中却找不到感觉，没有价值感。我即使很努力也做不过有些学历和知识不如我的人。”

我说：“你知道为什么吗？”

他说：“我觉得自己好像在跟人交往的能力方面有点弱。”

我说：“其实每个人都有相应擅长的部分，有些人很擅长跟别人打交道、聊天，很擅长去捕捉一些新鲜的资讯。但是另外一些人具有很强的逻辑性，很善于分析，很愿意跟自己独处。挑战自己当然是一个人有上进心的体现，但在职场中，更符合自身性格的挑战，会更容易拿到成果，你觉得是不是这样？”

后来，这个人回到了技术岗位，经过努力，从普通技术人员变成了技术部经理。

从上面的案例中，我们可以发现：

性格匹配，“事半功倍”

每个人在做职业选择的过程中，一定要先为自己做相应的性格分析。如果你就是天生喜欢跟人打交道，并且乐此不疲，那么你去做销售人员，做公关人员，做一些需要不断地与人互动的事情，毫无疑问会做得游刃有余。如果你不是特别擅长跟人打交道，但是擅长做重复性的工作并且能持之以恒，那你去做技术、做研发，或者做一些类似财务等专业性的工作，可能会比较合适。

不要再关注你的短板，而要尽情发挥你的长处。人生应该是一个“释放天资”的过程，而不是一个“追求完美”的苦旅。更好地知道自己擅长的内容，你就会更容易在做事情的过程中“事半功倍”。

性格不符，“半途而废”

大部分人在做跟自己性格不大相符的工作时，都会在后期的职业过程中感受到非常大的压力，甚至变得焦虑，就是因为他们忽略了对自己进行分析，过于盲目地选择了一家公司。

可能有些人会说：我急切地需要一份收入，现在没有和我性格匹配度特别高的岗位怎么办？好问题！首先，你要知道，在这种状况下，职业选择只是权宜之计，不要过分在意结果。其次，不要让每一段经历白费，熟悉它，研究它，掌握它，是当下的重点。最后，创造机会，回到你的性格擅长的领域。

我决定成为谁

为了找一份工作而去找工作，是不恰当的。职场只是我们生命范畴中的一个维度，况且，在当今社会，我们很难如父辈那样在一家机构待一辈子。那么，如何能够让每一次的职场经历都成为前行的踏板？这需要和自己的理想相结合，需要充分的自我了知。

找到你的理想，找到你的热爱所在。我在很多场合都反复提到“热爱”这个词。人生唯有与热爱同行，才能走得更长久，否则所有的坚持都必然是一场“苦旅”。我采访过很多在我们看来一路艰辛走来的创业者或者小众的手艺人，问及坚持的理由，他们的答案惊人地一致：我就是喜欢做这个！

我有一位做外科医生的朋友，是中国肝移植领域的专家，他在法国旅居5年读博士后的时候，待遇非常好。但最终他在“去法国南方的一个风景优美的小镇做科研终老”和“回国继续做外科医生”的选择当中，毅然决然地选择了后者。我问他，法国又休闲，待遇又好，干吗回来？他想了想说：“我从小动手能力就很强，就想做外科医生。我喜欢器械碰撞的声音，喜欢看到一个人因为我的努力，重获健康的过程。”于是他回来了，经常彻夜在手术当中度过，但我看到他没有丝毫抱怨，就是因为“热爱”！

“热爱”是所有动力的源泉，是我们穿越苦难时的人生支点。所以，找到你的“热爱”，至关重要。

作业：

询问自己内心到底热爱什么。可以先列出所有的选项，最后用减法，找出最核心的一项。

清晰的人生对标

在选择一份职业时，要问自己究竟是为了什么，也就是你人生的理想和目标是什么，你是谁，你想成为谁。

“我是谁”是一个几乎会逼疯人的哲学思考，很多人终其一生都在寻找这个问题的答案。我们完全可以在生活中，寻找一个对标人物，然后依据他的样子，寻找到自己的职业方向。简单地说，如果你的梦想是成为一名作家，你喜欢林语堂或者老舍，那么你需要不断地看他们的书，了解他们的思维框架和

语言表达方式，你可能需要选择一份与文字打交道的工作，在其中反复练习。但如果你选择了一个理工类的工作，譬如和数据打交道，这恐怕就不是很贴合人生梦想的选择。

我们在做任何职业选择之前，先要考虑到的就是自己想成为什么样的人，这份职业能不能支持自己成为想成为的那种人。

作业：

看看你当下是谁，选择一个自己5年后想成为的人物做对标人物：研究其成长过程和思维模式。

意愿百分之百

宇宙很神奇，只有你正向的意愿百分之百的时候，它才会把你想要的给你！所以找到你人生的热爱，找到你人生的对标的时候，大胆地讲出来“我一定要！我想成为他！”让自己的意愿百分之百，行动百分之百，坚持百分之百，你就会看到奇迹发生。

在这里给大家推荐一本书，就是励志大师杰克·坎菲尔德和 D.D. 沃特金合著的《吸引力法则》。这本书非常详尽地阐述了我们潜意识的运作方式。通过阅读此书，你将认识到，所有事物，无论你想要的，还是不想要的，都是通过吸引力的作用来到你身边的。所以，你完全可以熟悉、掌握这个法则，改变固有模式，创造你所期待的一切。

我想达到什么样的目标

我们在选择一家公司或者一份职业之前，需要先给自己规划一个相应的目标。有人说他自己最终要成为×××，目标定得非常远大。有一个远大的目标固然好，但前提是，你对一年、三年或者五年，这每个时间段，自己的职位，在职场的发展，或者年薪能够达到什么样的程度，要做到心里有数。都明确之后，再去做相应的职业选择是最为合适的。

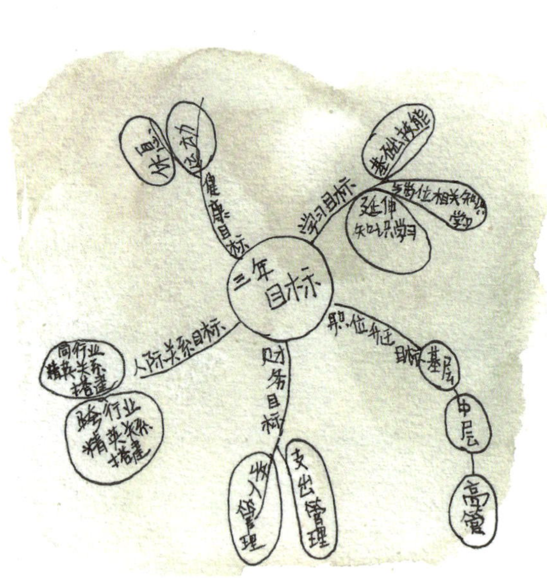

作业：

将自己一年、三年、五年的目标规划出来。

二、如何选择好公司

当你对自己有了全面的了解之后，接下来就可以去寻找一家“好公司”了。

行业 = 发展机遇

我们在选择一家公司的时候，先要去看行业，因为高速发展的行业，会带来长久的成长机会。这的确要与时俱进，譬如在互联网高速发展的当下，如果你热爱写作，那么选择网络媒体就优于传统纸媒。

高管 = 资源整合及抗风险能力

看一家公司，必须对其的高管团队有所了解。但我们有时在做选择的时候，会只问待遇和福利，而忽略了对高管团队的了解。优秀的高管，其战略思考能力、资源整合能力会更强，意志力也更卓越，在他们的带领下，公司能够生存发展得更好。也就是说，如果高管十分优秀，公司的抗风险能力会更强。

培训体系 = 成长性

了解其培训体系的完善性，也是必要的环节。我们在学校学习到的知识其实极为有限，后期的不断学习是非常重要的，所以了解一家公司的员工培训培养计划，是极为重要的。健全的培训体系意味着高成长性。

企业文化 = 你的适应度

还有很重要的一点，大家特别容易忽视，就是你需要了解这家公司的企业文化。因为不同的企业文化意味着你能否快乐工作。每个行业，即便是相同行业，不同公司的工作模式和企业文化是很不相同的。通过了解企业文化，你可以了解这家公司的老板要什么，团队氛围会怎样，是“以人为本”还是“利益导向”，这家公司与你的性格是否匹配……这直接决定了你未来能否被重视，是否有机会得到更好的发展。

比如，有些公司提出的企业文化是“高效、激情、创新”，或者无数个“第一”的梦想，那么，你就要意识到，这家公司是激进型的，老板喜欢激情型的员工，在公司工作需要非常强的创造力，绩效压力也必然会很大，你要面临的是需要不断加班、压力很大的工作。如果你热爱挑战，无疑是适合的。如果你本身性格极其沉稳，喜欢慢慢地、一点一点来做工作，恐怕那种高绩效的、非常要结果的机构跟你就不是特别适合。

有些比较沉稳的企业或者机构提出的是“和谐、友爱、共赢、良性健康发展”等口号，这些企业或机构的领导一定是沉稳的风格。如果你特别有激情，那么周边环境有可能让你觉得不适应，你会感到有很大的压力。

另外，你还要注意，自己在不在意路途的远近，能不能暂时忍受一些所谓不公正的待遇，等等。

记住：适合你的公司，才是好公司。

职场选择适合度测量表

公司评估				
序号	项目	分类	分值	打分
1	行业性质	传统行业（制造业/服务行业/公务员）	3	
		新兴行业（互联网/高科技/环保）	5	
		夕阳产业（纸媒/重污染）	1	
2	企业规模	1000人以上	5	
		200~1000人	3	
		50人以下	1	
3	企业发展年限	10年以上	5	
		3~10年	3	
		3年以下	1	
4	企业文化体系完善度	非常完善	5	
		基本完善	3	
		尚不完善	1	
5	升迁制度完善度	非常完善	5	
		基本完善	3	
		尚不完善	1	
6	待遇及相关福利	非常完善	5	
		基本完善	3	
		尚不完善	1	

（续表）

自我评估			
序号	项目	分类/分值	打分
1	岗位与性格匹配度	高：5分；一般：3分；不大匹配：1分；完全不匹配：0分	
2	观察领导风格	欣赏：5分；可以接纳：3分；比较抗拒：1分	
3	对价值感的需求	正常需求：5分；需求极高/偏低：3分	
4	对人际关系的敏感度	正常状态：5分；极高/偏低：3分	
5	对不公正的耐受度	高：5分；一般：3分；不大耐受：1分；完全不耐受：0分	
6	加班耐受度	高：5分；一般：3分；不大耐受：1分；完全不耐受：0分	
7	路程远近耐受度（超过1小时）	高：5分；一般：3分；不大耐受：1分；完全不耐受：0分	
合计			

总结

关于职业选择，你容易忽略的问题是什么？

- 第一个，需要自我了解——我到底是谁，我想成为谁——找到你生命中真正热爱的那个点，与你热爱的事情同行。当你有热爱在心的时候，你做的所有事情即使只付出没有收获你也会觉得心甘情愿，是喜悦；同时，与热爱的事情同行，将会激发一个人最大的创新能力和创造力，培养坚韧的性格。所以选择热爱的事情，思考自己要成为谁是很重要的。
- 第二个，要做自我性格分析，读懂自己。需要分析一下自己究竟擅长什么，适合什么，什么样的岗位能够让自己事半功倍。这是非常有智慧的一种自我剖析，也是为未来的职业选择做的一个非常重要的基础。
- 第三个，你愿意承受多大的压力和挑战。路途的远近、是否加班，或者很严格的绩效要求等，都要弄清楚，这样可以避免当我们怀着满腔热情到了一个公司之后，由于暂时没有那么顺利，不像期待中的那样，从而产生抗拒，启动“逃避模式”，导致离职，这是非常得不偿失的行为。
- 第四个，一年、三年、五年要达成的目标是什么。

基于以上这些思考，你再去选择一家能够与个人的目标、个人的性格、个人的热爱相匹配的职业，你在工作当中就会有非常不一样的状态，可以有的放矢地释放你的勤奋、努力和坚持，你就会拥有非常不一样的未来。

第二章

职场升迁管理

职场是一个体现价值的地方，价值最大化，是每一个人的梦想。在职场中，怎样才能让老板看到自己的才能，怎样获得更好的升职机会，怎样才能快速升职加薪？

一、迅速融入团队

不管是作为职场小白进入一家公司，还是在职业发展时转型或跳槽，我们面临的同一个问题就是，如何更快融入团队？只要能融入团队，就不会产生太多陌生感，就可以更好地合作。

观察为先

很多人在新进入一个团队的时候，会选择积极地表现自己。“我很棒”，“我非常有能力”，恨不得在几天之内就让所有的人看到他，认同他，接纳他。实际上，进入团队初期，不能操之过急，最重要的永远是“先观察”，我们要观察公司的企业文化、倡导的团队精神、每个同事的性格特点等，还要学会依托观察判断自己的周边环境。

或许你觉得自己就是一个热情的人，愿意在任何地方释放能量，这本身没有对错，可如果你进了一个很注重沉稳严谨的团队，过于热情显然和工作环境不是很贴合，久而久之，你的热情就会受到打压。

观察的重要性在于，它可以帮助你把自己的频率调整到和这个团队一样，以便更快地融入环境又不出错。

作业：

观察团队整体氛围/领导行事风格/同事性格特点。

“花园理论”帮助你调整视角

花园理论

从校园走进职场的最初三年，被称为“社会化过程”，很多年轻人会感到很不适应，而“花园理论”则可以令人迅速认识、适应一个陌生的环境或与自己的性格、气质不是很符合的场合。大学时代，年轻人之间除了专业的差别，几乎没有很多明显的思想、性格、行为处事的差异，就像一个百合园，即使开满了红的、粉的、白的、黄的各种颜色的百合花，但除了颜色也没有很大的区别。步入社会之后，很多人会觉得自己进了一个大花园，发现里面还有玫瑰，不禁感叹“它居然长刺，我受不了”；而牡丹总是高高在上、雍容华贵，一些人就会觉得自卑；或许看到一些做基层工作的人，又会不由自主地骄傲。

一般来说，我们大部分人都会在这三种心态当中挣扎：比自己优越很多的人，我们会羡慕；比自己差很多的人，我们会看不起；跟自己差不多的人，我们会嫉妒。

我在同很多年轻人互动的过程中，发现有一些年轻朋友秉持一种冷漠的态度，认为“他是玫瑰，我是百合，我不理睬他就可以了”，或者会极端地认为“我是一朵黄色的花，那所有蓝色、白色、绿色、红色的花，都是病态的”。

如果你秉持以上想法，那么，在职场关系中，你不但没办法快速融入团队，还很容易被团队的其他成员孤立。职场关系里，很多时候，你给予了别人什么态度，别人就会以什么态度回馈你。所以在这种状态下，最好的处理方式是接纳不同。即玫瑰确实具有尖刺，可它代表了爱情；仙人掌也浑身是刺，可它的果肉可以治疗疾病；等等。只要你以欣赏生命的心态去看待世界，就可以明白“丰富是自然的属性”。如果这个世界，如这个花园里面开放的仅仅只是百合花的话，你不会觉得有一些单调和素然无味吗？正是因为这个大的花园里有玫瑰，有百

合，有牡丹，有仙人掌，有形形色色不同的花朵，才构成了我们身边丰富的世界。

园丁心理

很多领导来咨询我的时候，有时候我会感觉不到他们是做领导的，因为他们会嫉妒自己的手下。而真正的领导，是要做“园丁”的。园丁的心理是：花园里所有的花都是我要爱护的对象，我唯一能做的，就是用什么样的方法让这些花朵的

生命更旺盛，比如它们需要什么样的土壤，需要施什么样的肥料，它们是喜欢多浇水还是少浇水，需要多晒太阳还是少一点阳光。“园丁”需要分析“每一种花”的特点，学会“因材施教”，从而令“花园”绚丽多姿，引人注目。

高调做事，低调做人

进入新团队，我们一定要谨记的一点是“高调做事，低调做人”，过分张扬自己是职场大忌。只要你在认真做事，一定会被“看到”，而平时最好保持恭敬和谦卑。

很多年轻人觉得自己学识渊博、能力非凡，但是，任何知识与实践之间都是存在距离的，要多向前辈请教。即使你做得不错，也最好表现出“一切成果源于大家的努力”，如此才能迅速融入团队，并受到同事喜欢。

二、快速达到优秀，脱颖而出

转变心态

很多人都问过我：我很希望能够在团队当中脱颖而出，很希望在竞争关系里面表现得比别人优秀，很希望能早一点成功……怎么做到呢？这当然是有方法的，但是在此之前，其实要解决心态上面的问题。

人生其实是一个长跑的过程，你需要张弛有度。

我们如果在前半程就释放掉所有的体力、精力和动力的话，在后半程人会非常没有价值感。我遇到过好几个“85 后”的年轻人，他们已经财务自由，身价过亿，但是他们会突然间觉得生活很迷茫。自己奔跑了这么久，完成了财务自由的梦想，但是接下来该干点什么，却没有什么好的想法。另外，还有一部分人说自己一定要在最短时间内实现目标，不能等待，但这个目标一直在不断提升，达到之后，又想要更好、更多……在天时地利人和都具备的情况下，我们是可以高速运转的。但是人生不可能一直一帆风顺或者节节攀升，总会到达一个制高点，也会有跌落谷底的时候。我们需要张弛有度，根据自己的人生终极目标，来掌控自己的节奏：什么时候需要快速地奔跑，什么时候只要快走，什么时候可以慢慢地走路欣赏风景……我们没有必要让自己的心永远处于一种急功近利的状态。当代社会总是匆匆忙忙的，大家为了各自的目标奔波着。为了上班不迟到，不顾一切去挤地铁；出去旅游的时候，拍完照片就匆匆忙忙奔向下一个目的地。我们只是一路奔走着，却忘了停下脚步看看方向是否正确，也不关心当下的真实体验，这其实是一种缺失。

作业：

自省：你的心态是紧绷的，懒散的，还是张弛有度的？

如果紧绷，是什么造成的？过于懒散，是什么造成的？

张弛有度，是怎么做到的？

一万小时定律

那到底如何才能做到优秀呢？作家格拉德威尔在《异类》一书中指出：“人们眼中的天才之所以卓越非凡，并非天资超人一等，而是付出了持续不断的努力。一万小时的锤炼是任何人从平凡变成世界级大师的必要条件。”他将此称为“一万小时定律”。

也有研究表示，当你在一个范畴内非常专注地做工累积到一万个小时的时候，你就会成为行家。当你累积到两万个小时的时候，你就可以成为大师。

知道了以上理论，你就可以根据自己的人生目标和相应的节奏去掌握一万小时累积的时间段和两万小时累积的时间段。

我曾经看过一篇采访文章，是关于田永成先生的。田永成是一名美容整形外科医生，他在采访中说：“我大概有三年没有见过北京的太阳。”为什么？因为他每天非常早就出门，天还未亮；每天下班，太阳已经落山。他很快在同类医生当中脱颖而出。我们现在再来看，其实他就是用了最短的时间段，累积了一万个小时的持续做工，从而成为行业内的专家。

感谢老员工，帮你快速积累了一万小时。

一些新毕业的学生会跟我诉苦：老员工每天都给他很大

的压力，晚上6点下班不让走，而是丢一大堆工作让他加班到九十点钟，太辛苦了，没有时间做别的。这时候我经常跟他们说："没有关系亲爱的，你就把它累积到你的一万小时当中去，我相信人生中没有白白经历的事情，每个经历、每件事情，如果你用心去思考，实际都是有帮助的。"

不过，我们也需要注意的一点是，要学会避免被集体无意识裹胁而匆忙行事。

20/80原则，每个成果都对得起你的付出

很多职场新人会发现自己每天的工作多到干不完，即便坚持也总看不到成果，就很不开心。其实，一开始做某件事的时候，我们就要了解心理学的20/80原则，即很多事情，最开始的时候，付出80%的努力，只能看到20%的成果，而到后期，整个比例会发生巨大的变化，如果要得到80%的成果，只需付出20%的努力。

如果我们观察农民伯伯种庄稼，就会发现初期是忙碌且没有成果的，因为小苗很脆弱，需要不断养护，施肥、浇水、除虫，后期只要针对一些天灾做出预防就足够了，而成熟是迟早的事。

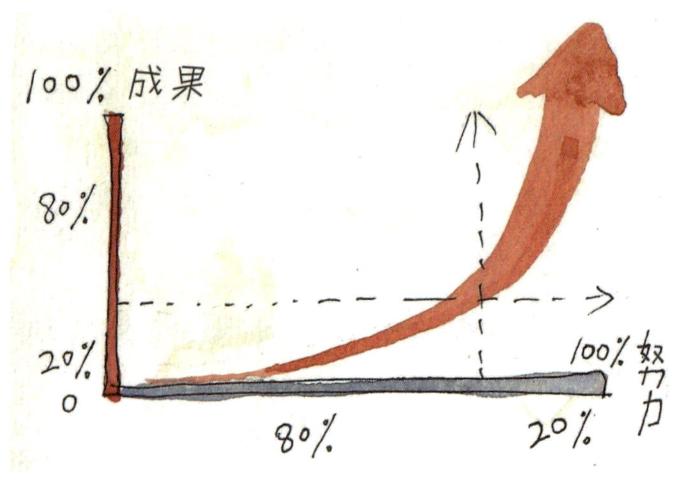

以我自己为例，最初进入职场，是在一家香港公司的内地第一个办事处工作，我是第一名员工，所以我几乎承担了每个方面的工作，采购、财务、招聘、行政、市场……记得在那个阶段，老板除了给我大概讲了一下应该怎样处理这些问题，然后就是按时间问我要结果了。我当时边学边做，特别是那“可怕”的财务（一个本科学中文的女生对数字是怎样“白痴”，经常算好几遍，最后得到的数字都不一样）。有时加班到深夜，累到直接趴在办公室桌上睡着了。当时心想，我以后再也不要和财务打交道了。但是当我开始创业的时候，我当时学的一切东西都用到了。我真是无比感恩我这第一个老板，他让我在完全实战的情形下，完成了“MBA”的学习，而且还无须支付费用。

现在社会的节奏是快速的，我们仿佛变得越来越没有耐心，我们想要的，希望马上得到，且越快越多越好。我经常说，如果有人跟你说，现在有一种技术，能让你今天种下苹果种子，明天就结“果”，而且大丰收。请问，这种苹果你敢吃吗？一定不敢，对吗？因为那不符合自然规律。但是我们对于成功的渴望就是这样，在焦虑中迫不及待地要结果，有了结果似乎又觉得不过如此。其实，越容易得到的事物，越容易失去，只有努力让它成为自己能力的一部分，才能长久发展。

所以，当你看不到成果的时候，告诉自己，你还处在80%的积累阶段；当你遇到老员工给你不相关的工作时，告诉自己，太好了，有人帮助我快速完成这个播种机会了！感恩他们，并且尽全力去学习，去做好，你就会快速地通过积累而脱颖而出。

三、升职加薪很简单

有很多人会非常直接地询问我，如何快速地升职加薪。对此，我表示非常理解。因为我们希望自己的努力和成绩能被看到，也希望所有的付出都能得到回报，这是再正常不过的事情。而且，在工作环境里，最好的回报莫过于升职加薪了。可很多人并没有全面了解公司给员工升职、加薪的考核标准。一般而言，我们可以从以下三个维度入手，初步判断公司会不会给自己升职加薪。

扪心自问，是否配得

通常，我们觉得自己可以升职的原因是业绩很好，为公司创造了财富，认为自己应该得到更多薪水和更高职务，可现实是很多人为公司创造了业绩却没有得到升职加薪。也许，我们需要反思以下五个方面：

你有没有团队精神

职场环境里，过于注重展现个人能力的员工更像一个先锋部队，也许会拿到高绩效，却往往不会被升职。管理者必须具有团队精神，而很多能力超强的人更容易彰显自己的能干、优秀，普遍缺少团队精神，看起来鹤立鸡群。如果他们走到领导岗位，往往很难管理好团队，也很难与合作部门或上级、下级、平级处理好人际关系。

良好的团队精神是公司考虑是否给员工升职加薪的重要维度，而我们要注意的就是保持良好的合作互动，适当给予同事帮助和支持。

你有没有积极的学习心态

很多人容易自我满足，会以自己的重点大学学历、留学背景等为条件，要求公司升职加薪，结果当然是不能如愿。世界日新月异，知识更迭也很迅速，公司更注重的是员工是否具有持续吸纳新知识的能力。如果你只满足于过去的工作经历或教育背景，公司会认为在面临新概念、新知识或新的管理模式时，你可能会难以适应或成为一个阻抗者。所以积极的学习态度也是需要具备的。

你有没有高昂的工作热情

如果你如愿担任了某一职位后，就失去了工作激情，只是周而复始地完成工作，没有真正付出热情去创新和思考新的贡献，恐怕你就不是很适合升职。公司更需要你用激情点燃团队，组合下属发光发热，创造价值。所以高昂的工作热情，也是非常重要的。

你有没有端正的工作态度

很多人会问："什么叫端正的工作态度？我自己觉得自己工作很认真，态度怎么就不端正了呢？"其实，端正的工作态度源自你的忠诚和职业化。如果你的个人表现很突出，却对公司和组织没有忠诚度，"身在曹营心在汉"，为你升职加薪就会为公司增加一定风险，因为升职加薪意味着你会掌握更多核心机密。

而职业化，即高效管控自己的职场沟通范畴、人际关系范畴，能够有利、有理、有节地处理矛盾、做出回应等。职业化程度比较高的人容易得到老板青睐，也会为公司树立良好的风气，自然更容易升职。

你有没有研究自己的老板

作为下属，你要学会观察老板的处事风格，判断团队是保守型还是激进型，明白老板更欣赏何种性格的员工，并加以匹配和适应。如果你能让老板看到你的能力，并感到省心，升职加薪也就指日可待了。

脑袋决定屁股

很多人进入职场就是一路狂奔，既有目标，又有气魄，也会始终告诉自己“不想当将军的士兵不是好士兵”，却忘记了“只想当将军的士兵也不是好士兵”。如果我们只是士兵，却总在思考“什么时候能成为将军”，毫无疑问，你将因“好高骛远”而处于焦虑之中，也很难做好当下的工作。自我评估的意义就在于不断认识自己、调整自己，做士兵就做最好的士兵，如果做到了将军的位置，也要竭力做一个好将军。

有一些职场人希望能升职，可他们总是停留在想象环节，不愿担当更多责任，只是缓慢熬资历。追根溯源，很多人认为“上司的角度不关我的事，我不需要思考那么多，等我到了那个位置，再去考虑吧”，这是典型的“屁股决定脑袋”的拥趸。实际上，从心理学层面分析，思维决定行为，如果你没有一颗思考、承担责任的心，就很难迅速到达自己渴望的职位，即“脑袋决定屁股”。

可能有人会问，上文才讲到，做士兵不要想将军的事情，但现在又让大家有顶层思维，这个不矛盾吗？事实上，不矛盾。我们需要带着顶层的思维，扮演好当下的角色。我们可以有企图心，但不要让企图心成为当下做事情的牵绊。

你渴望成为更重要的角色，拿到更好的薪资待遇，这是正常的。但你真的渴望吗？你的当下，真的配得起那样的岗位或者薪酬吗？你是否已经做好了准备，你是否愿意百分之百承担更高的职位所带来的压力和挑战？你有这样的意愿让自己每天的前行动力满满吗？这是我们经常需要自问的问题。

万事俱备，再做申请

如果我们决定申请升职加薪，需要准备什么呢？

一份完整的工作业绩报告

这份报告最好是用数字和表格的方式来呈现，这能让你的上司在短时间内发现你的成绩，比如“工作 600 天，完成绩效 120%，为公司节约成本……为公司提出建议……”

你对未来的想法和展望

基于对当下的观察，合理描述你自己的想法，比如你认为公司（或所在部门）的哪些流程可以优化，哪些绩效考核方式可以调整，或可以增加哪些培训以提高工作效率等。需要注意的是，你的想法最好是建设性而不是“评判”性的。

信心

一些职场人士觉得不好意思要求加薪，认为“自己很努力了，老板应该看见了吧”，或者“反正我不说，你能加薪就最好，不加我就辞职或跳槽”。前者是没有信心的表现，而后者则是明显的逃避模式，不是“自信”的表达。我们不能想象老板知道一切，如果你做完自我评估，认为自己应该得到加薪，就准备好你的信心，积极与老板沟通。

工作成绩单

入职时间	绩效达成		学习新知识	为公司所做贡献	备注
	绩效要求	实际完成			
第一季度	100	100	①报名EMBA	①××项目为公司节约成本	30W
第二季度	100	120	②学习项目管理知识、	②提出流程优化建议	三条
第三季度	100	150	③学习英语每天一小时	③组织、团建活动	四次
第四季度	100	200		④主动解决同事分歧	四次
……	×× ……	×× ……		……	……

选择合适的时机

准备好一切之后，观察时机是否合适。如果老板那天正好在为一个高管离职不悦，或为一个项目的失败大发雷霆，那你不仅不会得到期望的结果，还可能引起老板反感。因此，最好注意观察老板的情绪，适时拿着你的准备，自信迎接美好成果。

四、如何突破“职业瓶颈”

很多身在职场的朋友说，“我觉得自己发展到一定阶段之后似乎就停滞了，不知道下一步该何去何从”，我称之为“职

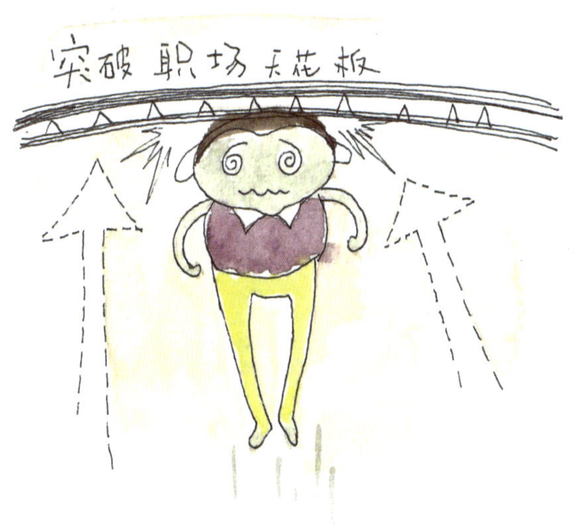

业瓶颈”。人在没有目标的时候，就很容易焦虑、茫然、迷惑，似乎东南西北无一不是墙，难以前进，也不知道如何前进。

另一种类似的状态是“职业倦怠”。一些人需要不断寻找成就感以增强自己的自信和存在感，如果在某个岗位工作了几年，逐渐进入一种模式化流程，就会慢慢出现动力定型，即所有的工作变成了下意识的动作，会感到工作没有挑战性和新鲜感，从而失去了成就感，就很容易出现“职业倦怠”。而某些性格类型的人是需要不断有成就感来增强内在的自信和存在感的，所以他们非常容易出现“职业倦怠”。比如说有些特别知名的主持人，他们宁愿做一点别的幕后工作，也不愿再坐到镁光灯下，坐在那个光鲜的位置上。

作为一个已经工作五年甚至更久的职场人，一旦发现自己在工作里感到迷茫，首先要做的就是区分自己的状态是处于“职业瓶颈”还是“职业倦怠”，如果你已经区分并确认自己遇到了“职业瓶颈”，不知道如何上升，可以从以下四方面着手做一些改善和调整。

约谈公司人力资源

一些人不知道自己下一步要继续待在技术岗位还是进入管

理层，或不确定自己要发展到哪一个位置，在一定程度上，是公司没有清楚表述员工的发展方向而造成了员工的“职业瓶颈”。

如果个人能在入职前询问、了解清楚公司的晋升制度和发展方向，可以在一定程度上避免“职业瓶颈”。比如在绩效完全达标的条件下，自己加盟公司多长时间可以到何种岗位，此后几年可以进入哪个层级，公司未来的发展方向是什么，是否会给优质员工股权激励，等等。

如果入职前没有了解清楚，入职后又发现自己遭遇了“职业瓶颈”，最好的补救措施就是询问公司的人力资源部门或你的直属领导。约谈时的询问方式很重要，最好不要问“我下一步该干什么”等问题，容易给人一种没有想象力或自我规划的感觉，尽量表达“我认为自己的一些能力还没有完全发挥，期待能帮助公司承担更多的责任”，以一种有礼有节的态度阐述你的期许，询问公司是否可以给予机会让你尝试一些突破性的工作。通常，人力资源部门会回复一些解决方法，也许你可以借此突破“职业瓶颈”。

考虑换岗或细分业务

在一些传统企业或层级复杂、体量庞大的公司里，职级一般很固化，如果老员工不升职或不离职，新员工就动不了，很容易产生“职业瓶颈”，而小公司则巴不得一个人尽早成为可以独当一面的领导者。

如果你处于大公司，就要留意公司是否会有一些需要竞聘的新岗位，作为公司内部员工，你可能更了解公司的业务状态、发展目标、企业文化等，就会具有一定优先权，进而通过换岗突破当前的瓶颈。

如果你觉得自己的能力已经足够驾驭某一岗位，却因为老员工或晋升制度无法升职，也可以主动和人力资源部门或老板沟通，建议将业务链垂直、细化，由你独立领导一个团队，以促进分工精细化，让公司得到更良性的发展。一旦你的建议被采纳，突破“职业瓶颈”就会比较容易。

完善自己，培养能力

除了企业层面所造成的“职业瓶颈”，个人原因也不可忽视。如果我们发展到一定程度后，希望能够升职，却发现自己不具备与此对应的能力，毫无疑问，最好的方法是不断训练，以提升思维高度和业务能力。

我们可以主动了解自己需要的知识，也可以向具备某些能力的老员工学习，或者积极总结自己在日常工作中的经验、教训，学会有的放矢地完善自己，尽早让自己的能力足够匹配想申请的岗位。

作业：

1. 总结过往工作中的经验、教训。

2. 选择升职必备的一项技能或者一个该了解的知识点，尚欠缺的，制订学习计划。

学会经营人际关系

曾有朋友向我诉苦：“一个职位，五个人在竞争，我没有拿到。后来，三个人竞争一次上升机会，我没有成功。终于等到领导说要给我升职了，可一年之后，公司进了一个空降兵，我还是没有升职。”

朋友觉得很挫败，认为公司不够公平，可我跟他具体沟通后发现，主要原因是他的人际关系不是很好。

随着职位的上升，一个人所需要的能力是不一样的，个人所处的人际关系状态也是不一样的。如果你在基础岗位，专业能力无疑是最重要的，你要靠它发挥价值，赚取薪水；如果你渴望跃升到高管岗位，专业能力就不是最重要的了，公司更需要的是你与他人的互动、沟通能力，还要考察你是否能打造良好的团队凝聚力，是否能让团队里的每一个人得到成长。

有人会说："我工作很努力，总是加班加点，为什么升职的时候没有我？"可能是他比较关注自己的感受而忽略了他人，没有适时给予他人帮助，全员投票的时候就很难拿到高分。或许老板发现他专业能力足够，也曾考虑过给他升职，可又觉得他在为人处世方面不是很到位，担心给他一个部门，他会管得乱七八糟，无法实现公司下达的目标。

遇到涉及人际关系的"职业瓶颈"时，我们需要重新审视自己，更好地经营职场人际关系，以获得更多人的肯定，再让老板看到自己的管理能力和感召力。只有做好一切准备，才能在机会面前轻松跃升到新的空间。

五、“职业倦怠”怎么破

“职业倦怠”为什么会出现

很多人觉得工作无聊，却又不得不拖着身体去上班，也有一些人忽然就辞掉了看起来很不错的工作，决定尝试另一些维度的可能性。两者皆源于区别于“职业瓶颈”的另一种迷茫状态——“职业倦怠”。

为什么会出现“职业倦怠”呢？“职业倦怠”主要是由人的两种心态所导致的。一是好奇心，我们总是会对周而复始的事物产生厌倦，比如长期面对同样的食物、同一个人，就会感到太平淡，人大多喜欢新鲜和具有挑战性的事情，它们会激发人的肾上腺素，令人感到兴奋；二是面对一成不变的事物，我们会产生一种潜在的不安，可能会问自己“是不是一生就不过如此了，可我还有很多梦想没有实现，不想局限于此”。基于以上心理机制，我们会在重复性工作达到三年或五年时，产生“职业倦怠”。

其实，我们要认识到，“职业倦怠”是每个人都有可能会产生的，这是一件正常的事情。不要因此感到自责，觉得自己怎么可以不热爱自己的工作呢，应该能做得更好一点啊……你会发现“职业倦怠”真的逃不掉，你的激情在减退，甚至觉得工作只是在疲于奔命，你不再快乐。人积极主动地选择做一些事情的时候，很容易开心。如果处于被动或不得不的心理模式，就不会觉得快乐。那我们应该怎么去看待“职业倦怠”呢？

还是那句话，阶段性的“职业倦怠”是很正常的，但是如果你的倦怠状态已经持续了一段时间且让自己产生了“无望”“无意义感”等很不快乐的情绪状态，就要重视、调整它了。

重建工作意义

那如何突破自己的“职业倦怠”呢？我们可以重新思考一下工作的意义。

比如，看看还有哪些新的意义没有被你挖掘出来，重新去挖掘它；

比如，重新去审视自己和这个工作、这个集体、这个事件本身还有哪些新的联系；

比如，自己在一家公司待了特别久，除了做自己的本职工作，还可以对公司提出一些更好的建议，主动去承担更多的工作，去实现自我价值。

我在2017年做了一档节目，这档节目的主持人非常优秀，当时他毕业五年左右。我在跟他互动的过程中，发现他很敬业，每期节目都做得很认真投入。但是我也发现，他已经开始被一些模式化的东西所禁锢，产生了疲惫心理。后来一次偶然的机会，我问他是不是对于自己的职业有些倦怠了？他瞬间有种被理解的感觉，很爽快地跟我倒苦水："是的，雁涵老师，我觉得我一个学播音主持的最后做了主持人、做了编导，都是我当年很梦寐以求的工作，我非常幸运。但是，我觉得自己到现在已经做了五年，却不过如此，不知道自己一辈子是不是都要这样。如果真是这样，我又不甘心，但是迫于生活压力，又没有更好的选择，所以不是那么快乐。"

我非常理解他，当时是这样跟他说的："你在节目中访谈的嘉宾都是在各个领域当中非常优秀的人，他们时间都很宝贵，非常忙，即使请他们吃饭聊天，他们也未必有时间。而且即使聊了，也不一定会是很有质量的聊天，比如人生经验啊，对行业的总结啊，不一定都能告诉你。但是你作为主持人，作为这个节目的编导，首先，你不用请他们吃饭就可以和他们沟通。另外，你可以了解到各个不同行业的优秀人才的先进思想，他们认知事物的方式方法，他们看待世界的不同角度。你会不会觉得这样一件事其实也是很有意义的呢？”

讲完这些话，我突然就在他的眼睛里面看到了光。一个人有希望的时候他的眼睛一定是有光芒的。他说：“对啊，雁涵老师，我怎么就没有想到其实这件事情真的很有意义呢。我也觉得这五年来跟不同的人沟通和聊天，我的收获比我只做一个主持人要多很多，您这样说完了，我突然觉得这工作挺有意义的。”

因为我是这个节目的固定嘉宾，在节目中分享一些相关的心理学内容，所以我能看到，他后来的工作状态跟之前那几期非常不一样，他更加有激情，更加专注和投入。他很感激我，说他当时还在想要不要转个行业尝试一下，但是我让他发现了这份工作本身的意义所在。

“职业倦怠”是不可避免的。关键是我们如何在“职业倦怠”当中重新发现这一份工作的意义，来改善自己的“职业倦怠”。

如果你心里的声音一直呼唤自己去尝试生命里的更多可能性，如果你还有一些梦想没有实现，也可以听从内心的安排，多做一些尝试。

如果当下你不得不继续工作，甚至它可能是你必须要干到退休的一份工作，你也可以重新审视你的工作，跳出当下的模式，从更多角度审视它的意义和可能创新的部分，你会不自觉地更换心情，也就更容易发现新的方向了。

我们可以考虑如何做得更好，而不是像机器人一样按部就班。只要调动了激情，就会产生创造力、执行力和成就感。

总结

在快速融入团队方面，有三种方法：第一，观察环境；第二，调整自己的状态；第三，高调做事，低调做人。

如何做到脱颖而出？第一，转变心态；第二，掌握节奏，注意积累；第三，了解 *20/80* 原则。

在升职加薪方面，也有三个维度的考量：第一，观察自己是否有升职加薪的资格；第二，是否已经做好准备应对升职加薪所带来的更高的压力和挑战；第三，做好升职加薪的硬件准备。

在面对“职业瓶颈”和“职业倦怠”的时候，可以先去找人力资源部门聊一聊，然后可以考虑换岗，更重要的是完善自己，培养各种专业能力，经营好人际关系，重建工作的意义。

第三章

职场情商管理

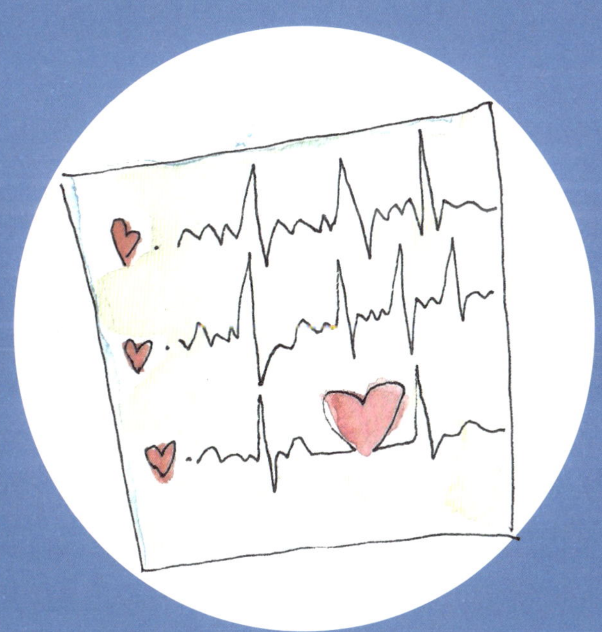

在职场，很多人不是学识不够、能力不够，而是情商不够。

高情商有三个标准：第一个，能很好地管理自我情绪；第二个，对他人的体察和敏感度很强，可以自由地跟别人沟通和表达；第三个，应对逆境的能力很强。

一、自我情绪管理

情绪和理智总是此消彼长的，一个人很兴奋或冲动的时候，很难做出客观的决定，比如一个杀人犯，他冷静下来的时候，难道不知道杀人是犯法的吗？但是他在冲动的时候拿刀杀了人，这一刻，他已经没有理性，没有理智了。所以我们要控制自己的情绪，而不是放任它，让自己变成“杀人犯”。这样别人会给你贴上“情商很低”的标签。有一些人在职场当中人缘很好，会很平和、友爱，他很少出现极端的负向情绪。这些人很受欢迎，这就是情商高的表现。一个人自我情绪管理能力的高低，是一个人情商高低的表现。因此，我们要学会管理和调节自己的情绪，为工作、生活增添更多的机会和愉悦。

一个人对自我情绪的管理，是人生的必修课。没有人有义务去无端地承受你的负向情绪，无论是你的父母、爱人，还是同事。所以找到自己情绪的成因，跟自己的情绪和平相处，变成一个正向积极的人，对工作、生活都是有好处的。

降低自我重要感

如果知道了情绪产生的根源，就好管理它了。其实说到底，所有情绪产生的根源只有一个，“我们把自我看得太过重要了”，所以一旦有一些外在的部分跟自我相冲突，情绪就会迅速产生。

警惕你的傲慢

人们在某个擅长的领域是很容易傲慢起来的。如果你到了新的工作环境，给自己贴了一个“我最牛，你们都要看向我，我是这个团队的中心”的标签，那你可能人缘不会太好。因为你会一直活在证明里面，你会发现处处有阻力，你会发现得到的支持很少，得到的认可实际上也不会如你期待的那么多。

谦卑和恭敬永远是最好的护身符

在易经的八八六十四卦中，几乎每一卦都“吉凶兼具”，而只有一卦，算是六爻皆吉，那就是“谦卦”，它提醒我们时刻保有“谦卑之心”。实际上，有些人的傲慢不是因为真的了不起，而是因为潜在的自卑。一个内在越自卑的人，外在越会呈现出傲慢的态度。因为他总觉得自己不够好，所以外在就越想装成“我很了不起”的样子。然而，这样做除了得到别人的远离，拿不到自己想要的任何成果。因为当你站到山顶的时候，水源不会流向你。

三人行必有我师

我自己的体验是，当真的谦卑下来时，你愿意在某一时刻，把别人看得比自己重要一点，你愿意遵从每个人的自由意志，允许他活成他所期待的模样，那么，万物都可以成为我们的老师，这是毋庸置疑的事实。我们不但不会失去那些我们渴望的“尊重、认可、赞美”，相反，会拥有更多。你会发现每个生命都是友善的，都是闪闪发光的。由此，你没有了敌人，你会爱上这个“藏大美而不语”的世界。

别让完美主义成为你和他人沟通的鸿沟

朴树在一首歌中唱过，“这是一个美丽而遗憾的世界，我们抱着笑着，流着眼泪”，这是多么错综复杂的一种情绪啊。

现在很多人，其实都在这个充满遗憾的，或者说是不完整的世界中，试图去做一个非常完美的个体。

这大概是现代人所追求的一种目标，或者不如说是一个通病。其实我们都没有想过，为什么我们一定要成为那个完美的自己呢?

追求完美的原因有很多，比如“只有我完美了，我才配得到别人的欣赏和尊重”；或者“我只有成为一个完美的人，才是一个真正有存在价值的人”；甚至“我只有成为一个真正完美的人，我才值得被爱，而被爱是快乐的”。

我们每个人都希望自己是快乐的，于是我们非常极致地想要追求完美。其实我也不例外，在很多年前，我也是不停地追求完美的一个人，甚至把完美当成了一个自我评价的根本。一旦跟我自己内在的完美不相匹配，我内心就充斥着对自己的不认可、不接纳等，也因此产生了非常多的情绪方面的问题。

对内的不接纳造成了我们对外在的挑剔和评判——我觉得这个世界，很多人都不对——其实根本是来自“我的内在到底发生了什么？”

如果仔细去看八卦图，我们会发现黑色部分当中，是有一点白色存在的。并且白色的这一部分，也是有一点黑色存在的。其实我很小就熟知八卦图的样子，但却是在一次偶然的机会中才对完美有了新的理解。

这个世界上其实没有纯粹的完美，但是这个世界上真的有合一的完整，如果你在全然追求完美的同时，可以在每一个当下去接纳自己并不是那么完美的部分，这两者加在一起，就是一个完整的人生体验。

完美的追求是灵魂的终极目标，但有时你会发现完美是一个变量。一度我认为我的生活是某种状态的时候，我就完美了，但实现这种状态之后，我发现了新的不完美，然后就去追求新的完美。我们就这样螺旋状地前行，结果，在我们的生命中，满意是暂时的，不满是长期的。我们对自己是有多残忍，一刀一刀地雕琢自己，只为活成别人期待的模样？所以，放过当下的自己吧，承认自己不是上帝，不是佛祖，你不需要每个当下都是完美的，了知自己的边界，接纳当下暂时的不足，允许自己犯错，你将获得解脱。

小心“职场玻璃心”

什么是“玻璃心”

首先，玻璃有什么样的特质？易碎。“职场玻璃心”的一个特别重要的特征是“易感”，也就是敏感度非常高，一有风吹草动它就会受到波及然后产生情绪，影响到自己和身边的人。

有人说，我天生就是一个比较敏感的人，那我的敏感就一定是缺点吗？

其实，“敏感”本身我们很难定义它是缺点还是优点。有

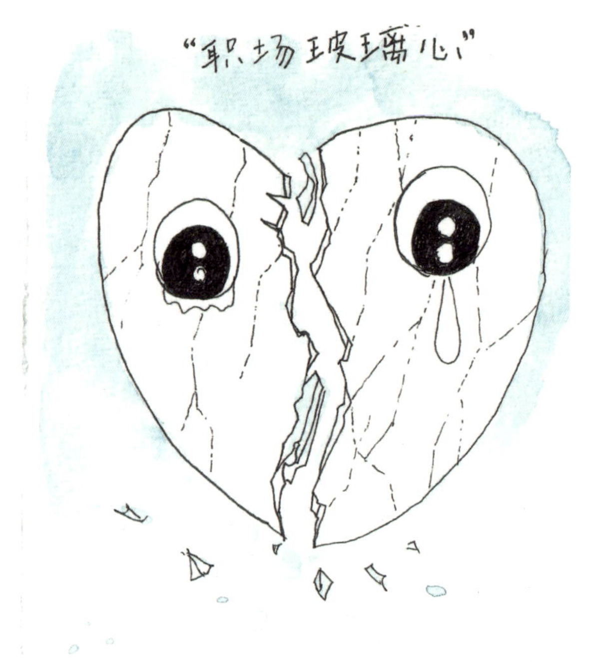

些人敏感，可能可以更好地体会到其他人的情绪，及时互动给予帮助，是积极正向的。

而很多人是过于敏感，外界对他的评价如果是好的，他就很 high（意为高兴、兴奋）；如果外界的评价稍微有一点负面倾向，他的情绪就会跌落低谷，甚至会感觉自我价值非常低。他听不到自己内在的声音，他的自我认知都来自周边环境的人的评价。比如有些朋友对职场中的同事或者领导对自己提出

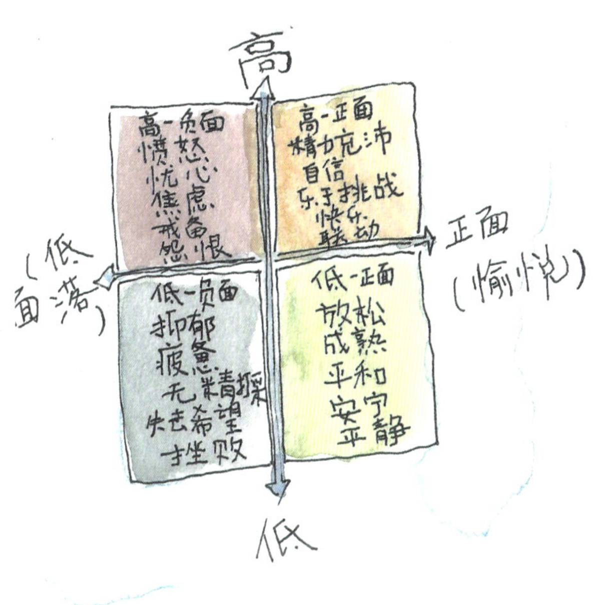

的负面意见特别没有办法释怀，总是在反复说自己对负面的表现，并因此觉得工作都没有意思了。这种因为别人的评价而影响整个工作的人，就是比较“玻璃心”的人。

什么样的人容易“玻璃心”

“玻璃心”的人基本都具备某些特点：

第一，内在安全感和自信心不够，性格很敏感；

第二，非常完美主义，所有的事情都要求自己做到最好，自我要求非常高。

调整“玻璃心”，培养理性的自信心

如何调整“玻璃心”呢？我通过多年的总结，发现了一个“四自”训练法。

第一，自我了解。

首先，对自己的优点进行确定。我们大部分人不是陷入盲目自恋中，就是陷入盲目的低价值感评价中。这其中问题的核心，都来自“自卑”的不同表现面向，即很难中立地看待自己。我们可以先找到自己的一些优点，并给自己嘉许！比如，“我很聪明”“我很善良”“我学习能力很强”“我很专一”“我皮肤不错”等等。不放过任何一点蛛丝马迹，用自己平常找寻自己不足的那种状态，找到优点！然后，在每天任何有空的时候，看看这些“优点”，随便选择一条自己笃定的，或者全部优点，从头到尾，每句重复七遍，直到说到自己心花怒放为止！

第二，自我接纳。

每个人都会存在一些不足，譬如：有些急躁；有些脆弱；有些不自信；我长得不够高；我眼睛比较小；我皮肤不太白；赚钱还不够多；我生在贫困家庭……找这些部分，相信不用教，每个人都极为擅长！没关系，把这些也写下来。

每当你又开始自我否定的时候，可以在心里默念：我接纳我当下“暂时 ×××”的状态，一定会好起来的！

当你清晰地解读自己并且全面地接纳自己的时候，有一种状态会出来，这种状态叫作自信（但不是迷之自信，而是客观的）。当你的自信出来的时候，他人的评价对你的影响程度会下降，你的“玻璃心”就会有所改善。

第三，自我欣赏。

很多人在批判自己的时候，特别狠，刀刀戳心，而在得到赞美的时候，却又说“没有没有，其实我做得还不够好”。其实，有的时候，自我欣赏是很好的！

我以前不是一个特别有自信心的人，但是后来我养成了一个习惯，比如，一件事我做得很不错，我就会说“我好聪明啊”“我这件事做得真好”之类的，用这些一点一滴的小事情不断地鼓励自己，欣赏自己，得到美好的体验。

第四，自我解嘲。

对于一些不是那么擅长，或者不一定能做得很好的事情，或者面对他人的调侃，你完全可以用自我解嘲的方式化解尴尬。

比如我是做互联网＋培训行业的，但是我对开发和技术这一块其实不太懂，我跟技术人员聊天的时候，他们就经常很无语，说很多东西我不懂。这个时候，我就跟他们说："你们就当我在这方面是白痴吧，你们是我的老师，你们好好教教我啊。"这时，他们反而会很认真地教我（虽然到今天我还是不大懂）。

"四自"方式是调整我们的"玻璃心"比较有效的手段。我们不是"百度"，不用要求自己什么都知道。我们不是哲学家、文学家，出口必须有深度，有文采。我们需要的就是一份直面自己的坦然。对自己要诚实！行的部分不过度表达；不行的那方面，也不会觉得丢脸，要懂得自我解嘲，去示弱。我们要全然地认可自己，欣赏自己，接纳自己。

如何和"玻璃心"同事相处

通过调整，我们自己不再是"玻璃心"了，但是在职场中，还有别人是"玻璃心"的。你还没有主动出击，他就受伤了；你还没开口，只是因为忽略了一点，他的心就已经碎了一地。即使你赞美他，他也听不进去，因为他对自己有很多否定，特别是他失意的时候，觉得大家说他很好肯定都是骗人的话。遇到这种人，我们应该怎么办呢？

第一，职场有职场的范畴，确实不能跟我们在生活中完全一样，所以我们在跟任何人打交道的时候，无论对方是不是“玻璃心”，恭敬谦卑地关注别人的感受这一点是要有的。我们可以秉承商量、尊重、请教的态度，这些态度是无往不利的工具。我自己就是这样，无论对平级，还是下属，还是官员等，我都会很谦卑恭敬地去请教他们。用这样一种方式交流，我觉得至少对方的抗拒会没那么大，也不用担心会“击碎”对方。你真的把生命中的每一个人都当作对你而言很珍贵的人，你的心情和心态自然就会不一样，你的语言行为和表情行为也会不一样。

第二，进行所有的沟通交流之前，观察和了解是必要的。每个人身上的情绪关键点（key point）是不同的。有些人可能提到父母情绪就会很失控，有些人可能是对别人对他专业技能的质疑会很情绪化，有些人不会接受别人的调侃和玩笑话……所以我们在启动交流之前，要先去观察对方有没有相应的情绪按钮。

第三，如果我们尊敬对方，尊重对方，但他仍旧是“玻璃心”的话，我觉得可以暂时给对方一点空间，让他自己进行调整。因为这类型的人大部分是内向的，不是说对内向的人有歧视，而是我们确实很少见到特别外向的人是“玻璃心”。

这个时候我们不要急于做些什么让他改变，而是要让他自己进行调整，改变是要有一个过程的。

将你的“玻璃心”锻炼成“水晶心”

“玻璃心”也有优势。

“玻璃心”的人很敏感，很细腻，他关注你的时候真的会让你很温暖，远比粗线条的人带给你的感受好。

“玻璃心”的人通常是完美主义者，所以他做事情真的是“马不扬鞭自奋蹄”。你给他安排一件事情，他会尽最大努力把这件事情做好，省去很多要监管的过程。

“玻璃心”的人通常有很多做事做人的原则和底线，他不会轻易去打破，因为他是一个高道德标准和在意好的评价的人。

我们要去欣赏一个事物的两面，“玻璃心”也有它存在的价值。我们要更好地去欣赏它的优点、去呵护它的不足，如果你能够让它逐步强大起来，那就更好了。

警惕敏感度高带来的消耗。

“玻璃心”的人能量衰减特别快，很容易疲倦。比如正常人一秒钟会处理3000个信息源，那他一秒钟要处理6000个甚至是9000个信息源，在能量一定的情况下，处理得越多，能量消耗得越快，就像手机电池一样，他很快就会没有能量。之所以你看到他有时情绪不好，是因为他没有能量支持自己了。

让自己的“玻璃心”变成“水晶心”。

其实我特别想跟“职场玻璃心”的朋友们说，跨入职场范畴之内，请好好地关照自己的心。职场的同事不是你的父母，没有义务承担父母的角色。敏感的心有优势，但也有缺憾。我们要将心训练到“敏锐”，而不是一味地“敏感”。

一定要相信，那些曾经的软肋终会成为盔甲。好好关爱自己，努力地去了解自己，接纳自己，欣赏自己，进行自我解嘲，这些方式会帮助我们在职场中有一颗越来越强大的“水晶心”。

二、增加对他人的体察

发现别人的需求，尽力帮助

生而为人，总有一时解决不了的困难。我们发现之后，要尽力去助人。给生病者以医药，给寒冷者以温暖，给摔倒者以搀扶，给饥饿者以饮食。这可能需要精力、时间，或者钱财，但我想说，你收获的将是持久的幸福感。

大概在 2004 年，我在翠微百货旁边的麦当劳吃晚饭，当时是北京的 1 月份，那个冬天超级寒冷，七八级的大风伴随着沙尘。我买了一份汉堡套餐，找了一个靠近窗边的位置坐下来，准备快速吃完，赶紧回家。落地窗外，我看到一位拾荒的老者，坐在自己收集来的纸箱上，打开半袋饼干，拧开半瓶矿泉水（我怀疑也是别人不要，被他捡到了），顶着寒风一口口艰难地吃着饼干、喝着水。满头的白发和久未修理的胡须随风飞舞。

我瞬间“石化”了，心想，我必须为他做点什么，于是去柜台买了一份含热红茶的“巨无霸套餐”，走出门外，差点被风刮跑。我走到老人家面前，他马上挪了一下地方，大概以为挡住了我的行走通道。我蹲下来，把套餐交到他的手里，说："大爷，您好，咱们今天不吃饼干了，咱们吃点热的吧。"老人家怔住了，无所适从地看着我。我拍拍他灰黑的手背，示意他放松，接受。然后站起身来，转头离开。老人家没有来得及说一声谢谢，似乎还没反应过来刚才发生了什么。但我清晰地感受到，他的目光一直凝视着我的后背，直到我消失在转角。

那天回家的路上我竟然没觉得一点寒冷，心里充满着"暖暖的幸福感"。多年以来，我确实赢得过很多鲜花、掌声、赞美与认同，但让我记忆深刻的，依然是那位老人家布满皱纹的脸上，在拿到汉堡那一刻，眼神中的"惊讶与感动"。从那之后，我根据自己的收入状况，每年都在资助空巢老人和孤儿。我想说，"这种不求回报的付出"让我体会到巨大的幸福感和满足感。

这只是一个日常生活中的小例子。其实，我们无论在生活中，还是工作中，及时发现别人的需求，并给予相应的帮助，将会在未来获得很多善意的回报，同时，内在也会产生巨大的喜悦感。

发现别人的情绪，陪伴安抚

我们身在社会中，不可能不产生情绪，无论是在工作中，还是在生活中，别人同样如此。发现别人或许有情绪的时候，你可以选择“与我无关”，置之不理，那么你收获到的，也是在你痛苦难过的时候，满满的孤单。你也可以选择简单的问候，说些“还好吗”“需要我陪陪你吗”这样温暖的话语。如果对方想一个人静静，那么就不要刨根问底，可以拍拍肩膀，默默走开。如果对方瞬间落泪，或表现倾诉意愿，那么参照书中“全情倾听”的方法，去陪伴他，倾听他，你也会收到不一样的体验和回馈。

发现别人的困惑，分享体验

当可以降低“自我重要感”之后，你会发现，慢慢地，你越来越快乐、正向、积极，并且智慧也会得到增长，你会更容易体察到很多事物。现象背后的本质，你会很少有情绪，即使有，也会很快化解。慢慢地，你的存在会是一种影响力。

此时，当你发现别人面临“困惑”的时候，很容易就可以支持别人。你会从旁观者的角度给出建议，支持他人看到问题的其他解决方案，分享自己一路走来的体验，供他人参考。这些部分对你而言，都会是很容易做到的。

Tips

作为一名培训师、一名心理咨询师，或者智慧关系导师，我从未有一刻，认为我比别人“高明”。我尊重每一位学生，把他们视作我的老师。我在不断与他们交流的过程中，分享我的经历、我的体验和我的总结。我也在他们的身上，看到了我自己的某些问题，并因此能进入更深度的思考。所以，且行且珍惜，感恩生命中所有的遇见。

三、如何看待不可抗拒的逆境

我们那么喜欢赢，我们那么害怕输；我们想要永远快乐，我们不想经历一点痛苦。我们嘴里喊着“没有人能随随便便成功”，但我们希望稍微加以努力就能看到成果，看不到，就觉得不公平。我们想要的希望马上得到，并且越多越好；不想要的最好一点不要，永远不要来到。一旦到来，我们会说，这是“逆境”，太可怕了！于是我们看星座，大喊“水逆快过去”；我们找风水大师，希望依赖他们改变当下。各种门派的灵魂导师应运而生。但我们忘记了一个重要的角色，就是自己！我们忘记了求助自己：“我还可以怎么做，让好的事情发生？”

事情如何发生不是关键，如何解读是重点

“痛”和“苦”不是一回事

妈妈生宝宝的时候，据说是12级别的疼痛值，“痛”吗？一定的，但她“苦”吗？不一定。对大部分妈妈来说，迎接一个新生命的期待和孩子到来的幸福感，已经使她们完全沉浸在“甜蜜的等待”中了。

你的心情其实与外在无关

我们都有过这样的体验：

同样是下雨，如果是在你和相爱的人一起漫步时，你会觉得浪漫；但如果是在饥肠辘辘的下班堵车时段，你就会抱怨。这是下雨的问题吗？

同样是阳光明媚，如果刚刚升职加薪，你一定欣喜若狂，说“天气真赞”；但如果才被批评完，或者失恋，你一定觉得阳光刺眼。这是阳光的问题吗？

同样是别人的一句调侃，你可能因为当天情绪不错，选择了自嘲；但如果赶上那天不爽，你可能瞬间就会抗拒，会认为

别人在奚落你，不尊重你。这是别人的问题吗？

事情发生之后，你的感受，取决于你内在的认知！你是如何给自己讲故事的？如果“所有的事物都是两面的”这个哲学观点是成立的，那么你能否把一个坏故事讲成好故事？

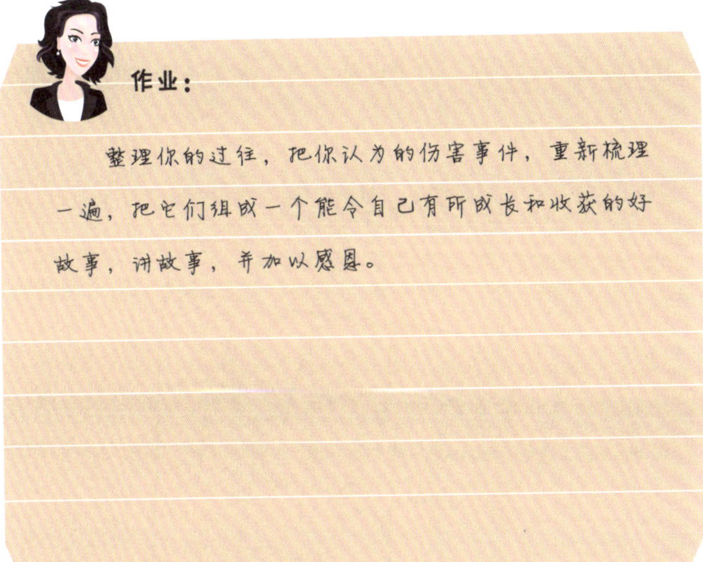

困境是一个蓄能的过程

心电图理论

2003年“非典”期间，母亲拔牙造成感染，高烧入院，我的心情糟糕到极点。我在病床前守候，看着监测器上的心跳指数，因为几天没怎么休息，整个人都是恍恍惚惚的状态。但就是那一刻，我突然明白了一个真相，那就是，每一次心跳的上扬，必然伴随一个下弯的曲线。是的，如果一个人心跳一直是“更高更快更强”，那意味着他会猝死；如果一个人心跳是一条直线，那么又意味着什么呢？我们总希望自己的生活越来越好，或者一直平静，但“自然之道”揭示给我们的是，那是

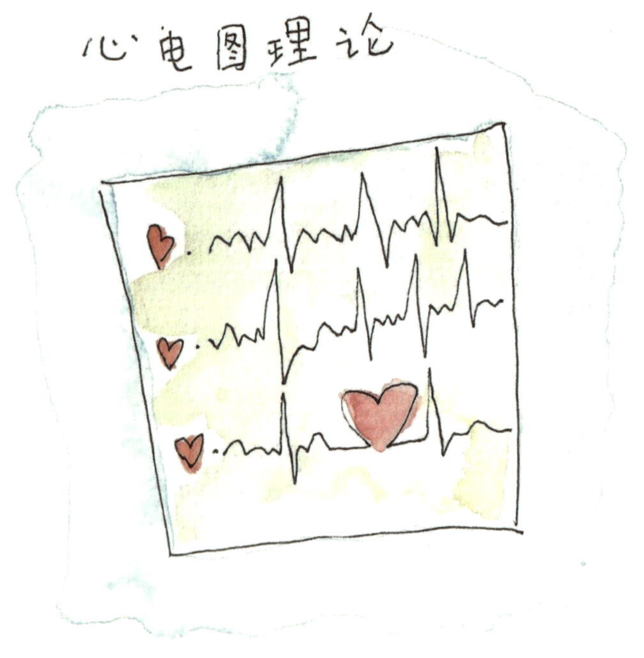

不可能的事情，不是吗？每一次下弯的曲线，是为了下一次更有力的跳动。

如同你每一次起跳前，必须下蹲；每一次出击前，必然先收回手臂；忙碌一天，你必然要睡眠。这一切的一切，不过都是为了积蓄能量，为下一次突破而做的准备。

真正的成长，来自逆境

在我的生命中，有过两次重度抑郁症的经历（完美主义的人，渴望证明自己的人，是抑郁症的高发群体）。在那段不堪的时光，我每一天都很无望、无助，给自己低价值感评价。自卑，自怜，与世隔绝，每天都在想：如何死去，可以不过于难看。或者有没有人记得我？那些伤害我的人，会不会因此后悔莫及？这个过程不再赘述了。总之，在一次节目中，我如是描述：我穿过我的灵魂暗夜，我知道我是怎样跪着爬出了那段时间。但当我走出之后，我突然发现我强大了，我不害怕了。因为我知道，一切会来，一切也终究会过去，只是需要一些时间。

在此之后，我发现，我活得真实了，我不再对自己说谎，我接纳自己的不完美，我接纳生命给予我所有的喜悲，且安之若素。我开始更关注内在的感受和觉性的开发。我在助人的时候，更加有力量，我所拥有的，不仅是完善的心理学体系和过往的知识积累，更是鲜活的体验！所以很多学生见完我，经常发自内心地说：“我想成为您那样强大自信温暖的人。”我说：“没有问题！你一定可以！只要你扛得过那些苦难。”

珍惜你生命的逆境

我听过一句特别精彩的话，关于逆境。

“那是老天给你的一份大礼，只是包装有点丑陋。”你能不能收到这份礼物，关键在于你有没有勇气打开它。

遇到逆境，抗拒、启动逃避模式是很多人的本能。只是更有智慧的人，选择了面对、接纳、学习，而后提升自己，进入下一个高峰而已。

凤凰涅槃，不是说说那么简单

每个父母都渴望子女出人头地，成龙成凤；我们自己也渴望此生可以活得令人尊重，与众不同。但没有经历磨砺，以上都是绝无可能的事情。少听那些成功学的讲解，它们只能让你丧失理性。也不要羡慕别人的成功史，因为无从复制！而且

那些人前光鲜的人，背后的苦难不曾讲给你听过，但我听了太多，知道这世界上成功没有捷径。即使朗朗、泰森，以及各行各业的所谓天才，也是基于无数勤奋的累积方可成功。

如果你真的想成为凤凰，必须经得起淬火的洗练。困境就是最好的试金石，试试看。你可以选择逃避，选择放弃，安于做一只小鸟，每天飞飞停停，进食鸣唱，也没有什么不好。那时你就不要羡慕凤凰云飞九霄之上了。他的苦难你未曾经历，他的喜悦你便无从拥有。

珍惜你的困境，你会因此与众不同。

四、如何缓解、克服压力

压力，是每个职场人都不可避免的一种情绪感受，或者来自目标，或者来自人际关系，几乎无处逃遁。甚至很多人因为感受到巨大的压力，而影响到睡眠，情绪易怒，工作效率降低，抗拒工作和与人互动，一直处于低能量的亚健康身心状态。既然逃不掉，不如处理好，下面我们来看看如何处理这些职场压力。

在职场中，似乎人人都有压力，压力是一个逃不掉的话题。那么压力究竟是什么呢？我们可以先来看一下其他人的分享：

TINA：在工作上我的压力是，领导会对我将要达成的目标给予很高的期望，我就会想很多，思维很乱，内心产生焦虑。

小李：我总会觉得理想和现实的差距很大，就会很焦虑。

小张：我其实特别有感触，因为我昨天被老板责骂，同事也不配合工作，感觉特别紧张和焦虑，会失眠。

小Z：我觉得我有很多对自己的期待和目标，感觉一天 24 小时都不是很够用，会出现一种比以往更强烈的学习欲望，因为只有掌握更多的技能才能有效地解决面临的所有问题。

老林：我很多的压力来自想短时间内实现一个很大的目标，但没有好的调节方法时。

下图是一个压力模型，可以让我们了解压力从何而来。

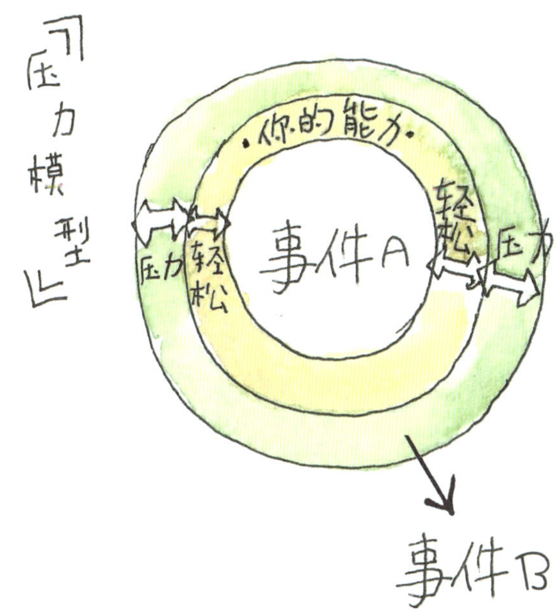

在心理学中，关于压力的标准解读，叫“不胜任感”（用影视剧中的台词所讲就是：臣妾做不到啊）。

上图中有三个圆圈，中间的圆圈代表事件 A，外面的圆圈代表事件 B。如果你的目标和具体的事件（事件 A）在能力范畴之内，这个距离叫作轻松；而当你的能力在你的目标和具体的事件（事件 B）之内，这个距离叫作压力。

很简单的例子就是，让我们举起一个杯子，就会轻松；但如果让我们举起 100 千克的杠铃，那么焦虑就会迅速产生。这就是不胜任感所带来的“压力”。

降低目标，与能力匹配

我们的世界是充满欲望的，也是充满比较的，在无限度地被集体无意识裹胁中，我们根本停不下来，也不愿停下对欲望和目标的追求。“我想要大房子，我想要豪车，我想实现一个小目标，先赚一亿元。”有目标是没有错的，人不能没有一点压力，因为压力也是成长的催化剂，但如果这样的压力已经让人不堪重负，甚至焦虑爆表，从而产生低价值感评价，导致身心进入亚健康状态，那么就得不偿失了。如果现在的能力达不到愿望，也就是说在暂时的情况下，能力是定量的话，怎么办？

学会接受和欣赏当下的自己，然后带着匹配的目标前行。

以我个人为例：

我在刚刚上班的时候，第一个梦想是有一辆宝马车，然而当时我一个月才赚800元钱（1996年左右），一想到不知什么时候才能攒够钱买一辆宝马车，就会压力非常大。当时我在大街上看到任何一辆宝马车，就会开始焦虑和紧张。后来我意识到这样是不行的，于是我把目标降低到希望未来有可以代步的车，这样压力瞬间小了很多。

后来经过奋斗，发现自己随时可以买宝马车的时候，却又不喜欢宝马车了。这不是笑话，我们会看到我们的欲望是如何作用于我们的压力的，所以管理自己的目标和欲望是一个重要的能力。

我另外一个朋友，他现在身家已经过亿了，实现了他人生的小目标。我问他现在是不是可以做一点公益，因为我每年养着40个孤儿和10个空巢老人，其实还是有些压力的，就想请他一起助养。他说过一段时间吧，挣到20亿元的时候他就退休，因为他有三个孩子要养。

我其实挺想问他，难道 1 亿元不够养三个孩子吗？

我们时常都以为物质的东西能够让我们获得尊重，物质的东西能够让人家高看我们一眼，物质的东西可以给我们带来很多，但实际上很多时候物质只能解决物质，它带不来精神上的愉悦感，更加给不了我们轻松和快乐。如果我们说有钱能够解决一切，那王健林和马云应该没有压力啊，但其实他们的压力说不定比我们的更大，因为他们也在不断地塑造一个更大的目标，让自己的能力去接受挑战。他们也不断地活在压力之中。

当然，我不认为有压力是坏事情，当一个人找到自己的热爱和梦想，再结合一个可执行的目标，努力的过程其实是一个享受的过程。但现在很多人为目标奋斗的过程都是煎熬的："我忍，我一定忍。"在职场中，从中层到高层，所有付出的过程中没有享受；在生活中也是如此，攒钱买大房子，攒钱换豪车，从来没有享受到小房子带来的乐趣和普通家用车带来的便捷。即使有一天他们的愿望实现，也会发现不过如此。所以，当我们感受到压力来自个人的欲望时，降低目标是一个好的方法。

目标拆分，压力折叠

在职场中，常见的一个问题，就是公司目标和个人绩效没有办法降低，但个人能力不及或者时间紧迫，该怎么办？

要快速提升能力！我们一直抱怨压力太大是毫无意义的，行动起来才是正道。快速提升能力，其一，会逐步增加自信；其二，行动的过程也是减小压力的过程。

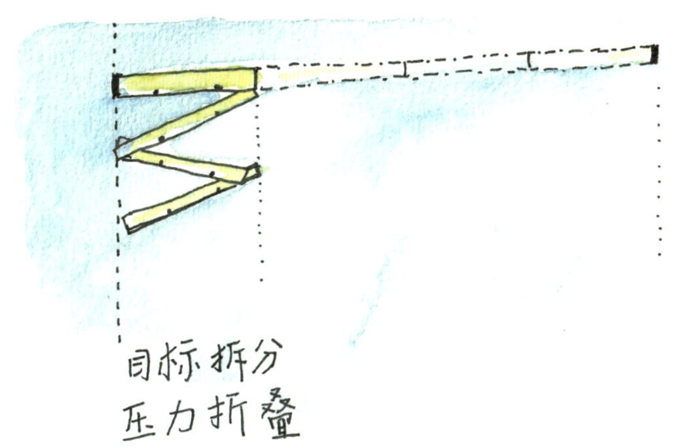

快速提升能力

那如何快速提升能力？

第一，巧妙地向书本学习。茫茫书海，如何快速找到学习捷径呢？我有一个方法：搜索相关领域最牛的代表人物，找到他的书籍或者视频等相关资讯，然后专注地用一周时间看完，同时做读书笔记和观后感等，把“厚书读薄”，背诵下来。这样就可以在我们头脑中形成某一领域的框架体系。

第二，向有经验的人学习。三人行必有我师！在职场中，肯定有一些很有实战经验的能人（企业内的、企业外的），找到他们，谦卑虚心地向其请教，把其核心经验学到，并用到实践当中去论证。

第三，向过往的经验学习。这点也非常关键。我们在职场中一路打拼，一定有成功或者失败的经验。要学会时时总结，把经验沉淀于我们的个人思维体系当中。通过成功的经验，总结为什么成功；那些失败的教训，更应反复思考，有所学习。这样就可以让我们在未来的工作过程中，减少失误，增加成功概率。用一句鸡汤的话来说：不要辜负了你的苦难，那都是我们前进的基石。

目标分解法

当目标是一个定量的时候，我们可以用目标分解法来缓解压力。

第一种，数字拆分。比如说我要徒步 30 千米，要走 5 个小时。听到这些数字，还没有出门呢，我就已经腿软了。因为身体会感觉不足以承受，这种感觉传达到我们的意识层面，焦虑和压力随即产生。所以最好的方式是告诉自己，我先完成 5 千米，那么身体意识到 5 千米是可以接受的，我们就可以开始行动了，不会造成压力过大导致的拖延或者抗拒。

第二种，时间拆分。在职场中的绩效目标通常都是以“年度”作为标准的。所以一想到全年目标，绝对会压力山大。这里就可以选择“时间拆分法”。你可以把全年拆分成四个季度，每一个季度拆分成三个月，然后拆分成周，甚至拆分成天。你唯一要做的事就是专注地把当下这一天的事情做到极致，这样压力就会小很多！你只要持续地把它变成 365 天的累计，在过程当中不断地去调整自己的策略方法，你就知道自己一定会走到终点！

无论“数字拆分”还是“时间拆分”，这两种方法其实都是做了同一件事情，就是“拆分不可控性”。不可控状态下，人是会瞬间产生压力的。所以，把所有的对于未来的不可控性，一律变成可控性是必要的。比如想到一年的目标，压力特别大，但只想到明天的目标，会感觉轻松很多，压力就会随之减轻。

战胜压力的三大法宝

第一，运动。

压力带来的焦虑是一种情绪，而情绪的本质是一种能量，无论哪一种情绪，都会在我们的身体中留下信息。我们肯定都有这样的体验，人在紧张、焦虑的状态下，身体是收紧的，表情是凝重的。在这个时候，“运动是减压最为快速的方法”。当你觉察到身体紧绷、压力爆表时，去快步走 30 分钟或者慢跑 15 分钟（如果时间和空间有限，那么可以原地开合跳 30 次，做 5 组），都会明显感觉到焦虑状态大大缓解。

第二，冥想。

现代人大部分睡觉前的模式都是刷手机，无论是玩游戏、看电影，还是聊天、刷朋友圈，等实在困到不行了，再昏沉地睡去，其实这样的方式非常影响睡眠质量，会导致第二天起不来床，上班的心情非常沉重。

我一直主张“睡前半小时关掉手机，切断与外界的一切联系，和自己待在一起”。我们可以放一段瑜伽音乐或者轻音乐，进行打坐。这是一种特别令人放松的方式。在这种轻松的状态下入眠，睡眠质量会非常高。坚持100天的冥想打坐，你会发现身心宁静。

第三，自由书写。

自由书写的方法对于转化和整理潜意识特别有帮助，尤其是我们无可避免地遇到一些职场人际关系压力的时候。

人生活在群体当中，很多时候因为对事物的认知角度不同，造成了很多分歧，因而会产生各种情绪问题。职场更是如此。

那么，遇到这种情况的时候，自由书写，就是一个非常好的方法。如何自由书写呢？

• 第一步，我们需要先确立一个明确的问题，譬如：我和某某吵架了。

• 第二步，描述过程和当时的心理感受（双方都说了什么，你当时什么感受，你察觉对方是什么表情和状态）。

• 第三步，重新讲故事。以第三人称的角度重新描述过程，并在其中发现自己多做了些什么，少做了些什么，于是造成了冲突发生。

• 第四步，问自己“这件事情发生的好处是什么”，或者“我还能做什么让好的事情发生”，然后总结关乎自己可以成长提升的部分，并制订执行计划（和好，通过沟通缓和关系等）。

第四步的意义特别重要。为什么呢？因为当一件不好的事情发生的时候，你是活在过去的，当你说“我还能做什么让好的事情发生”的时候，你目光的焦点就投向未来了。你不会一直纠结和挣扎在这个事件的细节当中。其实所有事件的发生只有一个目的，就是让你在这个事件当中学会应该会而未曾学会的功课，然后迅速消除事件带给你的负面情绪影响。人不能一直带着包袱前进。我们会看到很多老人走路特别轻松，比如我妈妈 80 岁了，走路比 60 岁的人还轻松，因为她从来不活在过去，永远乐观地面向未来。

作业：

找到你生命中一件让你一直难以释怀的事情，用自由书写“四步曲”的方法，重新讲故事。

五、如何克服攀比与嫉妒

用欣赏替代攀比

很多女孩子跟我说：“我知道跟别人比是不好的，可我确实改不了，还很容易嫉妒别人。”其实不光是女孩子，很多男孩子也免不了攀比和嫉妒。为什么会有这种心理呢？又如何调整呢？

其实，嫉妒源于攀比，而攀比心理的形成要追溯到我们的原生家庭。很多从小就被迫和周边的环境、邻居比较的孩子，长大后很容易形成攀比心理，因为他们在被批评的环境中长大，就很容易形成评判别人的思维，如果自己比别人优秀，就会扬扬得意，反之就会嫉妒。

一个女孩告诉我，她自己在一个准上市公司做总裁助理，可每次出席重要场合或出差，总裁只让另一个助理随行，她觉得自己永远在做基础的文档管理工作，而同样头衔的人却可以见识更多的场合，又愤怒又嫉妒。因为她也想要出席一些重要的场合，看一些不同的环境。

后来我问她："随行助理具有什么优点吗？"

女孩不悦地说："她有什么优点我没有发现。"

我又问她："你们是一家准上市公司，如果她没有任何优点，你们老板为什么要让她做助理？"

她冷静下来，思考了一会儿，说："我觉得她的表达能力很好，情商蛮高，能很快明白别人在想什么，也可以迅速回应。"

我说："那你呢？"

她说："我不太行，比较内向，表达能力不好，不如她。"

我告诉她："开始用欣赏去替代你的攀比，另一个助理很擅长沟通，而你不行，可能很多场合就不适合你去。如果你很想去，就要开始加强表达能力和情商的训练，多给自己一些安全感和自信，尝试勇敢地表达自己。"

在这个案例中，女孩最开始说"她有什么优点我没有发现"，这句话其实从深层次讲，就是她平常根本没有观察到另一位助理的优点，所以我在后面引导她，让她发现对方的优点，然后给了她一个解决方案，就是用欣赏去替代攀比。

也就是说，"一直在比较，让我心里很不舒服，我现在开始欣赏对方，她很擅长跟别人沟通，表达能力很强，但是我没有这样的特质，所以她才会经常被老板带去适合她的场合。如果我想去的话要怎么办？加强这方面的训练。比如我可以去报班学学如何表达，看看提高情商的书，增加一些自己内在的安全感，愿意勇敢地表达自己，等等"。

用赞美替代嫉妒

嫉妒往往会燃烧我们的心力，我个人建议采用的修正方法是赞美。很多人觉得自己做不到，说：“天啊，我都已经嫉妒她到这个程度了，还要去赞美她？怎么可能！”可如果你能稍做观察并给予赞美，你的嫉妒就会下降一分。如果长期为赞美而观察，你就会发现一个人的众多优点，如果你能从此将嫉妒变为前行的动力，那就成功规避了嫉妒所产生的负面影响。

那如果你总被别人嫉妒怎么办呢？

以我自己为例，从小到大，我总会遇到一个挥之不去的“魔咒”——被人嫉妒。上学时，被老师喜爱；上班后，也被领导欣赏。所以我走到哪里，总有一个或者几个人嫉妒我，男女皆有。一开始，我尝试安慰自己“那是因为我业绩好，升职快，薪酬高，又比较明白老板的心思，而他们不具备，才得不到欣赏”。

后来，一个平常很沉默寡言的女生忽然约我吃晚餐，我不明所以地赴约后，她问：“你真的很优秀，可你知不知道很多人嫉妒你？”

我答："习惯了。"

她又说："你知道为什么吗？你的优秀是大家所认同的，而大家接受不了的，是你的傲慢。"

我一时语塞："我很傲慢吗？"

她告诉我："你可能不知道，凡是你出现的场合，无论是集体会议还是私下聚会，你总要成为众人瞩目的焦点。不管别人做什么，你总能挑出一堆问题，很少赞美、认同别人。"

我很委屈，因为我觉得自己从来没有要成为焦点的意识，就马上反驳："那是因为别人真的做得不完美啊，我在帮助她们，不是吗？"

她说："大家的共识是，你帮助的方式会让人感到一种'不屑'，而不是'支持'。"

我："……真的吗？"

她说："这是大家的共识。不论出现在何种地方，你的脑门上就写着两个字——'骄傲'，所以大家总对你敬而远之。"

……

经过那次交流，我开始留意自己的言行，反思自己为什么会给别人那样的感觉，而学习了心理学后，我逐渐意识到“骄傲”和“自卑”其实是情绪的一体两面，一个人的内心越自卑，表面就会越傲慢，也明白了别人为什么总会觉得我很傲慢。自小时候起，太过优秀且严苛的父母就从不允许我犯错误，以至于我变成了一个完美主义者，一路走来，无论是否符合大众的优秀标准，我总是“自卑”的。

此后，我一直努力培养自信，学着接纳自己的不完美，面对他人保持恭敬、平和，少有挑剔。一段时间后，果然很少遇到明显的嫉妒者了。

让自己更卓越，是超越嫉妒的方法

你比别人优秀一小步，别人才会嫉妒，如果优秀一大步，或者很多步，别人就会“羡慕”了。

不知大家有没有发现，我们嫉妒的，大多都是我们身边和我们差不多的人。比我们优秀很多的人，我们很少嫉妒，更多的是“羡慕”和“崇拜”。

很多女生会嫉妒一个和自己条件差不多的女生嫁给了富豪，但明星嫁给富豪只会让我们羡慕。我们会嫉妒身边从小貌似也没什么本事的人买了别墅，但我们会羡慕王健林先生这样以“1 个亿”作为小目标的人，认为有钱多好，可以很任性地活着。

所以，如果你不想被人嫉妒，请让自己“变得更优秀”；如果你不想嫉妒别人，也请让自己“变得更优秀”。嫉妒和怨天尤人是毫无意义的，只有清晰自己的目标和使命，全力以赴进行努力，你才能获得你期待的一切。

六、如何巧妙缓解愤怒

愤怒其实是一种极端情绪的表现，“愤怒”发生的根本原因是我们所期待的事情没有按照我们的意愿发生，或者发生的与我们认为的严重不符合。

在职场中，出现愤怒的情绪之后，应该如何处理呢？愤怒这种情绪是很不容易快速调整过来的。愤怒之中，一般人有两种处理方式：第一种是“我就这个样子，你们爱谁谁，我脾气暴，我直接，我发完火就没事了”，这种方式会让别人很难受。第二种是，在公司所有的事都忍着，但是回家后跟家人发脾气。用第二种方式的人会让自己和家人难受。而且这些人长期没有其他疏通方法，很容易得抑郁症，要不就是身体产生器质性病变，比如得恶性肿瘤等。所以，如果这一刻你发现你是在憋着，赶紧发泄出去，因为所有的积压对身体都是巨大的损害。忍不是办法，我们要学会化解。如何化解呢？可以通过改变思维角度或者调整行为来达到。

觉察

“愤怒”具有即时性，可能短时间就会爆发，而很多人一发完脾气就开始后悔自己说错了话，做事过于激动等，如果能在事前保有觉察，问题就会比较简单。我们要学会在日常生活中观察自己的身体、自己的情绪变化，时刻保持敏感和冷静。

远离人或者环境

如果你意识到自己的愤怒已经抑制不住，记得选择迅速离开刺激你的人或环境。如果不能彻底或长时间离开，可以跟对方说“不好意思，我去接个电话”，然后迅速离开。

愤怒快速止息法

眼球按压法

当愤怒的时候，心跳的速度会非常快，机体已经做好“战斗”准备，人会感觉一股无名火往上涌，所以暂时离开人或社会环境后，你到一个比较安静的地方，闭上眼睛，将食指和中指落在眉骨下方的位置，向里按压，每隔三秒钟抬一次，持续七到二十一次，你就会发现自己的愤怒情绪在逐渐减弱。从技术层面分析，愤怒时的脑部血液流动速度很快，而眼睛后面是动脉血管，我们是在尝试用降低眼压的方式降低血压，再回到办公室冷静处理工作。

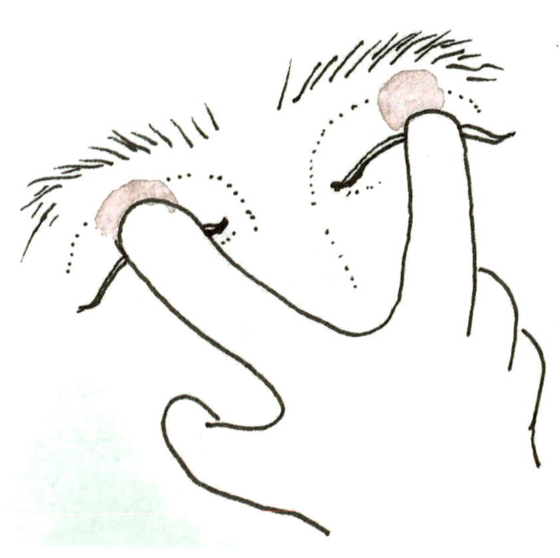

颜色观察法

如果你暂时无处可去，只能回到自己的岗位上，那么按压眼球看起来就会很奇怪，这时，你可以尝试“颜色观察法”。

第一步，闭上眼睛做三次深呼吸，慢慢去感受愤怒正处在你身体的什么位置，一般情况下，很多人描述是在胸口的位置。

第二步，“观察”愤怒所在位置的颜色、大小和温度。通

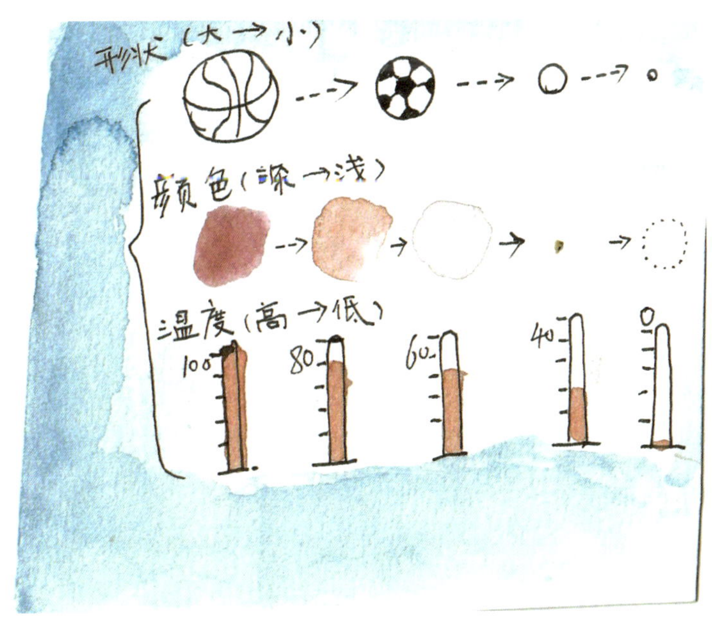

常人会觉得自己的愤怒所在的位置是红色或者黑色的，很热，有的人觉得它有足球或篮球那么大。

第三步，尝试改变它，可以选择先改变大小，也可以选择先改变颜色。从你最为敏感的一项开始。比如颜色是红色的，你想象红色慢慢变成粉色，然后变成灰色，接着变成白色。比如大小如篮球，你可以想象它从“篮球”变为“足球”，再变成“网球”“乒乓球”，而此时，你脑海里的温度也会明显下降。

第四步，可以再想象这个白色的乒乓球是一个透明的玻璃球，你用右手按住愤怒位置，并把它从身体里拿出来，抛向空中，它将化成任何你喜欢的“和平、美好的小生命”飞走，比如蝴蝶、鸽子之类的。

这四步完成之后，愤怒基本就会消失了。

事后整理收获

但是一时的疏解并不等于真正的化解，你需要在问题解决之后，及时复盘总结。你可以拿出一张纸写下事件始末，也可以准备一些弹球或小玩具，用力扔出去，直到自己平静一点时，再做客观的反思和整理，发现自己需要调整的部分，再深度思考改善方法，以便以后平和处理问题。

以上都是正向、积极缓解愤怒的方法，供大家借鉴。

七、如何治疗“拖延症”“懒癌”

在生活中，经常会有人跟我说：“雁涵老师，我有特别严重的‘拖延症’。”“我基本上得了‘懒癌’，而且我是晚期的‘懒癌’患者。”“一件事应该做但是我迟迟不想做，拖到不得不做才去做一下。”……这种问题的比例还非常高。

负责任地说，我自己曾经就是“拖延症”和“懒癌”一族的患者，而且很严重。所以我也花了一点时间研究“拖延症”和“懒癌”患者的心理成因，以及应该怎么办。

我经常说知道事情的成因就解决了一半的事情。所以接下来我跟大家分享一下“拖延症”的心理成因，以及如何去治疗、调整“懒癌”患者或者“懒癌”一族的状态。

大部分有“拖延症”的人本身是完美主义者。我解释一下这种心理成因：你会发现你的拖延大部分都在那些你没有把握的事情上。如果一件事特别轻易就能做成，比如你很渴想喝杯水，你大概不会拖延。第一，你有需要；第二，倒水这件事情你非常有把握做到。

一件事情应该做但是你没有那么大把握一定把它做得极为正确、极为完美、极为成功的时候，你就会拖延。为什么？因为你拖着不做，就不会看到你不想看到的那个结果。很多人的心态大概是这样的：“也许我做得没有那么好，所以我就一直拖，一直拖，因为我对结果没有把握，我不想开始行动。我一旦行动，就离那个结果很近，我拖在这里不动，我就看不到这个结果。所以我没有失败，我还是那么完美。”

另一种比拖延更严重的状态，就是“懒癌”。什么也不愿意做，甚至饿了就干嚼方便面，连开水也不愿冲。为什么会出现“懒癌”呢？在一定程度上，“懒癌”的心理成因是人生目标不清晰，以及面对未来的迷茫。当一个人没有清晰的目标，处于迷茫状态的时候，他就会觉得自己所做的一切都没有意义，自我价值感也会比较低，不知道自己能做好什么，感觉做什么都没意思，往往会选择停下来，再四处寻找导航。反映在日常的工作和生活里，就会呈现出“原地不动”的状态，如果过于严重，可能会出现抑郁等症状。

那如何治疗“拖延症”和“懒癌”呢？

切割目标

我们知道，完美主义者往往会优先思考完美结果，一旦发现自己无法实现期望，就会启动逃避模式。针对完美主义作祟而产生的“拖延心理”，最简单的方法就是合理切分目标，通过逐步管控小目标而完成大事件。

我们可以将一个完美的“大目标”切分成若干个“小目标”，再逐一实现，从而让每一段工作的结果变得可控、趋于完美，聚沙成塔。一步一步前进所产生的成就感会一点一点抵消我们最初的恐惧感，而完成工作的过程也会比一次性达成一个自己没有信心做到的目标更愉悦。

人类大脑的运作机制是“如果你不完成当下的任务，它要么让你回到过去，逐渐失落、遗憾、后悔，倍感不公，要么让你思考未来，变得不安、焦虑，茫然无措”，我们无法毫无目标且愉悦地留在当下，只和万事万物在一起。如果你没有一个终极目标，比如要成为谁，甚至你不知道自己是否要成为谁，也没关系，可以先寻找一个自己喜欢的人，去观察他、学习他，也许过一段时间，你就会知道自己真正渴望的道路是什么样子的了。

现在，我们已经步入成年，面对“我想成为谁”的问题时，已经不会像幼时一般大喊“科学家”“动物学家”了，我们的合理目标往往是一个清晰的、具象的人物，而具象目标是可以量化和拆分的，它被实现的可能性更高。如果你渴望成为世界首富，就可以切割目标，从近期的小目标做起，比如先创立一个小公司，而创立小公司也可以被切分为若干目标，只要坚实地完成每一步，就会逐渐向更大的目标，甚至终极目标迈进。总之，不管成为谁，总比完全没有目标要好，尝试和行动要比裹足不前更具有成功的可能性。

分数激励

这里分享一个具体方法——打分法，就是给自己每一步打个分数。

譬如：

无论事情结果怎样，你去做，就是 60 分；

如果坚持做完，就是 80 分；

如果完成既定目标了，就是 100 分；

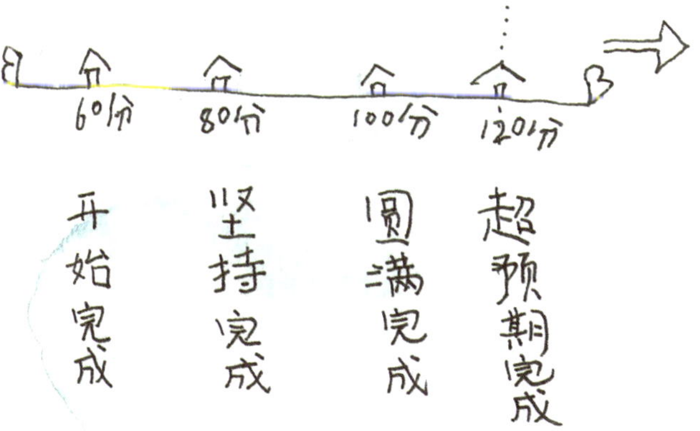

如果比期待的完成得更好，你可以按照心理感受再去打120分或者更高的分值。

在每一次过程中行动起来，增加信心，这是特别好用的方法。

培养自律的习惯

每一个对抗“拖延症”和“懒癌”的人不能避免的瓶颈是“道理我明白，可是‘臣妾做不到啊’”。其实，我也是一个很难坚持做一件事的人，曾为了一个健身的决定犹豫了很久。为了避免半途而废，我告诉自己：“先不说一定要练出马甲线、一定要减重，就先养成一星期去两次健身房的习惯，坚持三个月。”后来，我又将目标切分为“一周去两次健身房，坚持一个月”，即使天气不好时不想出门，也依然坚持完成了每周的小目标。后来渐渐觉得健身是一种快乐，也成功养成了习惯。

如果我们要培养一个习惯，自律是必不可少的品质，但它是可以通过拆分目标而训练成的，无论我们的终极目标多么宏大，只要先坚持完成短时间的小目标，再将努力累积成习惯，就会更容易实现终极目标。

尝试“抓阄”，用潜意识来决策

面对“选择困难”所导致的懒和拖延，我们可以尝试“抓阄”来解决。也许你会觉得太随意了，其实，这是在利用潜意识完成决策。比如你面前是六个选择，先将其减少到最想要、最令你纠结的那两个，写到两片纸上，团成小团。随便拿起一个，如果你发现自己拿了 A 的时候，心想“幸好是 A”，那就是你想要的了。如果你心想“怎么是 A”？那么 A 在你的潜意识里就是不被看好的选项，那么 B 就该是你的选择。相信你的潜意识永远知道最适合你的选择，并指导你做出决策，工作也会不断获得进展。

总体上，我们会发现“拖延症”和“懒癌”等问题的最佳解决办法是“拆分目标—马上行动”，通过短期的圆满和成功激励下一阶段的行动，增强完成更大目标的信心，甚至养成良好的行动、思维习惯，渐渐摆脱“拖延”“迷茫”等思维。

总结

高情商有三个标准：能很好地管理自我情绪，对他人的体察和敏感度很强，面对逆境的能力很强。

在有压力的时候，了知自己当下的能力边界，管理好关于自己的目标；在个人欲望方面，“降低过高期待”；用“数字拆分法和时间折叠法”，专注完成当下的事件；养成运动、冥想的习惯，用“自由书写”来重新讲故事。

在遇到嫉妒、愤怒等情绪时，用欣赏、赞美或者觉察、远离、事后整理等方法去缓解和克服。

在面对“拖延症”和“懒癌”状态时，要培养自己自律的习惯，用切割目标、分数激励、潜意识决策等方法来应对。

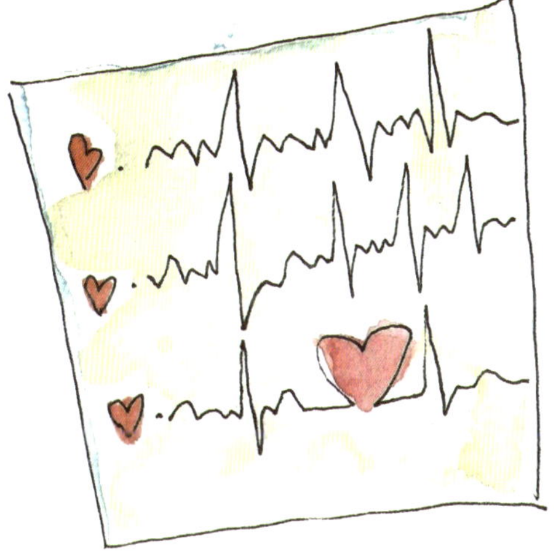

第四章

职场沟通管理

我在过往接触的很多职场咨询案例中发现，很多问题的发生，是沟通不畅和沟通误解导致的。当这样的矛盾产生时，我们大部分人会启动逃避模式——不理睬，或者自此面和心不和。如何才能有效沟通，如何通过沟通让你成为人见人爱、花见花开的人？本章将为你做一个系统的讲解。

一、如何沟通最有效

我们每一天都在“沟通”，那为什么还会有那么多误解产生？我们为了掩饰自己的动机，说了多少言不由衷的话？我们有多少次，因为害怕说错话，而选择压抑或沉默？语言是有能量的，语言是带着信息传达的，你是否观察过那种说话总是令人喜欢倾听的人，是怎样的语言样态？你知道怎样的沟通才最为有效吗？

带着你的“心”，而不只是带着你的“嘴”

有一次在我做节目的过程中，主持人提问：“雁涵老师，您觉得讲话八面玲珑，是好的沟通能力吗？”我回答：“我只能说，这不是坏的沟通能力。”我观察过这种所谓“见人说人话，见鬼说鬼话”的人，他们其实很难交到知心朋友，因为他们的行为会让他人不安，甚至让人感觉到“虚伪”。那出现这种问题的原因是什么？他们只动用了“脑子和嘴”，而没有动用“心和情感”。

你有没有发现，那些真正打动你的瞬间，一定是因为你觉得对方“用心”了！当一个人“用心”的时候，即使措辞没有那么优美，即使情绪把握得没有那么准确，你依然可以收到满满的感动。这就是“心能量”的表达所具有的力量。所以，有效的沟通，一定是“用心沟通”的结果。

永远说“让别人愉悦的话”，永远让你的眼睛“满含善意”

有些人可能会问：雁涵老师，我用心了，但为什么对方收不到呢？

我相信很多人都有这样的经历，告知别人“你这样是不对的，你应该如何如何”。比如父母对孩子一定是“用心”的，但孩子很抗拒；比如我们给朋友一个提醒或者指出朋友的问题，他反而不高兴。这种问题为什么会产生？

因为我们的语言所传达的内容，其实只占整体表达的很少一部分，而大部分来自情绪表达和肢体语言。如果我们是那种“我就是如此，反正我为你好”的态度，沟通效果多半会打折。

因为我们没有在语言之外，让别人收到“善意”，而是让他们产生了“评判和指责”的感受。我经常说：我们带着满满一车苹果给别人，别人拒绝了。因为别人想要的，是一个梨。

所以，我们需要在日常的沟通过程中，选择他人可以接受的方式去表达。有些人能通过你激动的情绪，懂得你背后的良苦用心。但有些人的自尊心很强（当然，内在也是有些许自卑的，所以不敢面对不认同感），可能在你的态度不符合他们期待的时候，就会抗拒。

举个例子：如果你对一个人处理的某些事情不满意，你当然可以说“你这样不对，应该是怎样”，但你也可以说“你的这种处理方法我能理解，只是觉得如果那样处理，会不会更好一些？我的想法供你参考”。

作业：

思考什么是“给别人需要的，而不是给别人你想给的”？

坚持共赢

如果你稍加观察，就会发现，我们的日常分歧都来自我们对于“正确，赢”的坚持。说到底，是在捍卫“我是对的，而你是错的”。很多矛盾因此产生，双方甚至不欢而散。职场中如此，情感中更是如此。

当然，坚持自己的观点是对的，这本身无可厚非，因为这是每个人的信念系统所造成的“不同”，但我们似乎忽略了，还有比“我对，我赢”更智慧的处理方法，那就是：

“你赢，我也没输；我对，你也没错。”

“你赢，我赢，大家赢。”

有些职场人是焦虑的，因为他们时刻都记着一个成语——“优胜劣汰”。而且他们在找到我进行咨询的时候经常说：“有什么办法呢，这是自然法则呀。”是的，这是自然法则，但只占自然界的20%，而其他80%是“共生关系”，也就是我们所说的“共赢”！

小时候父母和师长会教育我们“多为别人着想，别总想着自己”。我们的先贤也不断地教诲我们“己所欲，施于人”，这些其实都指向了一个点："共赢"。我可以负责任地说，那些真正的大企业家，或具有很多成就的人，在与他们接触的过程中，能感受到的，无一不是"共赢"的思维状态。他们不是因为有成就了，才选择去"共赢"，而恰恰是"因为共赢，所以成就"！

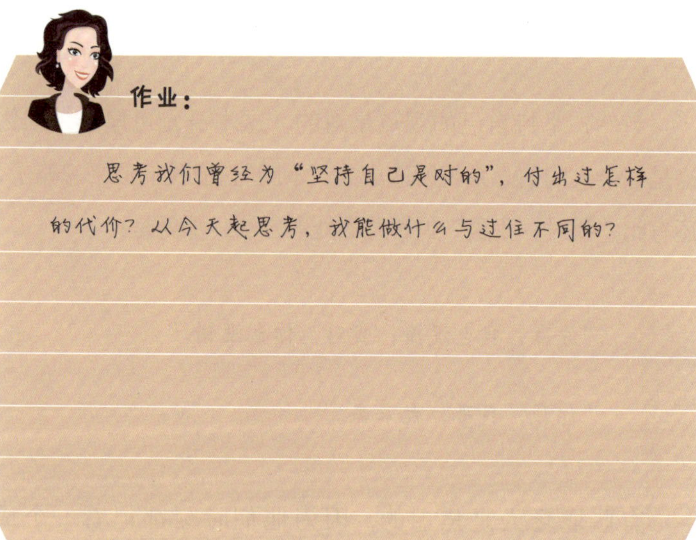

二、倾听三步曲：听—听到—听懂

在所有的感官当中，耳朵其实是一个"被动"的器官。我们每天都在"听"，在日常的人际互动过程中，即使我们选择沉默，也会不可避免地听到这样那样的信息。我们喜欢听"好听的话”，比如那些认同我们的、赞美我们的和欣赏我们的话；抗拒不善意的、批评的和攻击的话。

你每天都在听，但你有观察过自己的信念因为倾听而起伏吗？你真的因为听而且听得懂，理解了别人吗？

我常说“听”是个技术活儿，因为我们大多数人只知道“听”，但从来不清楚“听—听到—听懂”这样一个层次关系。在同别人沟通的过程中，如果你的倾听不准确，那么你的理解一定会出现偏差，“优质的沟通”也就无从谈起。

在完美的人际关系当中，听是非常重要的一环，几乎可以占到整个沟通过程的 60% 到 70%。我们每天都在听和说当中度过，但是，听和说其实没有那么简单，尤其是听。听是一

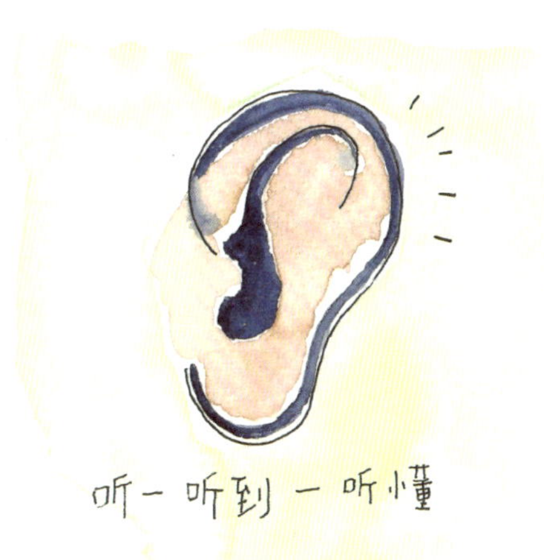

门技术，如果真正具备好的聆听能力，可以让你更好地理解对方，也会让你的讲话非常到位。

每个人都有一双耳朵，除了残障人士，大部分人都会听，但很多人其实没有做到“全然地去听”，更何况“听到”和“听懂”。听—听到—听懂是一种递进的关系，那么我们到底要听什么，听到什么，又应该听懂什么？

听是基础

首先，我们来看一下“听”。很多人会处在这样的状态：我听是在听了，你说你的，我自己下一个判断，反正我就是这

样理解的。很多沟通的误解就由此产生，因为你还没有全部听完别人所传达的信息。那别人传达了什么样的信息呢？要注意听别人说的内容，并且仔细观察他们的肢体动作和表情。

全情倾听

有一个专业的词叫作“全情倾听”，情就是感情。全情倾听指的是听内容，以及观察对方所有的肢体语言和表情等。在心理学当中，有这样的说法，我们真正说话的内容只占我们所有的表达和信息源的 7%，剩下的 93% 来自我们的肢体语言

和眼神等。心理学中有专门的课程讲身体微语言。比如我国香港无线的一些刑侦剧里，有一些刑警，就是通过观察别人的身体微语言而得出对方是不是在撒谎，对方处在一个什么样的状态，等等。这不是电视剧瞎编的，而是有科学根据的。

听的过程也是观察的过程

因此，只是听，是远远不够的，得到的信息会大量衰减。我们要一边听一边观察，“听”到对方想要表达的全部内容，这是至关重要的。

我见过一些朋友，和平型的人比较多，他会听着听着思路就跑偏了。他可能也在向你点头，甚至微笑，但是你会发现，他的眼神已经开始游移，他脑子里面其实在想其他的事情，并没有听到全部内容，更加无法捕捉到观察的部分，所以他会丢失非常多的信息源。这个时候如果你马上追问一个问题，他多数是回答不出来的，因为他没有在全情倾听的状态。

全情倾听其实是需要技术的，这个技术更多的是一种用心，而用心则来自以下三点：

第一，你是否足够的安静；

第二，你是否有足够的意愿去听；

第三，你是否在仔细地观察细节部分的东西。

“听到”别人的情绪

听的过程是一个没有评判的过程，我只是在听，我只是在观察，而我的内心是没有做判断的。但是到了“听到”这个层面的时候，一定要有思考和判断，要想对方是在一个什么样的情绪状态下说出某一段话的，这个是大家要真正听到的部分。

跟一个人聊天，你要通过他的情绪去读懂他在说什么，这可以避免你跟他人之间互相不理解的状况的发生。

比如，有的时候父母会唠叨你，一次又一次地说，赶快吃饭吧。可能你没有去理睬，在忙自己的事情。但是你有没有听到：他已经开始焦虑了；他担心饭凉了；他有没有不开心；一遍遍叫你你没有回应他，觉得你不够尊重他……这些其实是你真正要听到的东西。

能够听到别人的情绪，是非常牛的一件事情，为什么？我们可以仔细观察一下，一般人在家里都会表现真正的自己，所以能比较容易看出他到底是开心还是不开心；但是在职场中，很多人都有人格面具，讲话的时候，可能会表面平静，但实际上心里面已经翻江倒海了。在这种情况下，你能不能准确地捕捉到某个人的真正情绪？“听到”他隐藏在背后的东西？他每一句话所描述的和他的肢体语言所表达出来的东西，究竟是什么？

听懂别人，是最终极的核心

“懂”这个字带给很多人很多不同的感受。我曾经看过一篇文章，里面说这个世界上最珍贵的东西，其实不外乎那一份懂得。我们在完美的人际关系的日常维护和沟通当中，很重要的一点即你能不能让对方感觉到你是懂他的。你真的听懂他了，你接踵而来的沟通方式，才会真正有效。你的每一句话才会说到对方的心里面去，这一切的基础都来自听懂。

听懂什么呢？懂对方的需求和对方的不安，也就是对方的深层需求和深层恐惧。如果你能准确地通过听、听到直至听懂真正懂得对方到底要的是什么，怕的是什么，你能够一语中的、一针见血地将这些东西表达和分析出来，然后用一种合适的方式讲给对方听，跟对方沟通，那你真的就会成为人际关系方面的高手。

我举个四型人格的例子来讲。

比如，活泼型的人本身的深层需求来自“我要快乐”，如果他很不开心，他可能不一定会直接说某一件事情让他不开心，而是会通过别的方式来表达。比如回到家之后，平常都摆在那里的东西，他会说不要摆在那里，今天菜为什么这么咸，等等。

如果你作为他的家人，你会不会想，他是不是在“找茬”？“我也辛苦一天了，回到家里给你做饭，你居然还在说菜做得不够好，还在挑剔我。”这样，不满的情绪就产生了。但是如果你听懂了，就知道一定是有什么事情引发了他的不快乐，他只是用当下不满这件事来表达，那你真的就是一个高手了。

聆听的部分是需要反复训练，反复听，反复去找这种感觉的，你带着不同的心态去听对方讲，你的感受会完全不同。

作业：

第一天：练习安静倾听且带有观察，不做判断。

第二天：感知对方情绪，并且用你的身体或表情回应你的感受。

第三天：听懂对方的需求和恐惧，做出回应。

第四天：观察对方被懂得之后的反应和你的感受。

三、赞美是人际关系的彩虹桥

我时常说，如果你想拥有一个完美的职场关系，从赞美开始。赞美非常神奇，赞美其实是建立人与人之间互动的一座彩虹桥。

彩虹桥代表着可以将我和其他人用一种非常美好的紧密关系连接在一起，而最好的连接方式就是赞美。

人都需要被赞美

为什么要去赞美别人呢？不赞美不可以吗？为什么赞美会

是一个利器，会是一种很好的方式和方法呢？我们回归到人性的本身，来分析一下这些问题。

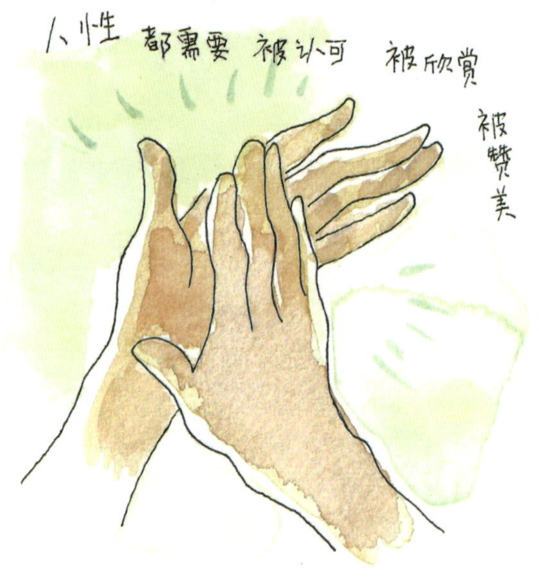

事实上，人性本身就是需要被认可、被欣赏、被赞美的，我相信没有人会说我不需要被认可，我不需要被欣赏，我不需要被赞美，我就这样无所谓。也可能他嘴巴上说无所谓，但是真有人赞美他的时候，他心里面肯定是美滋滋的。

如果你发自内心地觉得自己也希望被认可、欣赏和赞美，那么最好的方式就是你先把这种认可、欣赏和赞美勇敢地给予他人，然后你很快就会发现别人会回赠你认可、欣赏和赞美的。

为什么我们不习惯去赞美

大多数中国人都非常含蓄，因为含蓄是一种美德这个意识根深蒂固地植入了我们的信念系统。所以当我们想赞美的时候，就会觉得太过直接有些不好意思。大家可以想一想，是不是有的时候我们会发自内心觉得朋友做事情做得不错，同事的工作完成得很优秀，但这些赞赏却不会很容易就讲出来？

另一个重要原因是，我们从小到大受到的赞美并不是特别多。很多人没有被家长认可和赞美过，于是当我们长大了，即使心里有很多的认可，也不会轻易给别人，因为我们无法给予别人自己没有拥有的东西！

印象中，我每次考 98 分，父母都会说："你为什么没有考 100 分？" 考 99 分的时候，又会说："你怎么马虎了，你只差 1 分就到 100 分了。"即使我考到 100 分，他们也会说："这次还可以，下次要继续保持。"

我们都是在被要求中长大的，自然就没有养成赞美这样的好习惯。

寻找赞美资料

用放大镜去看，仔细地观察对方的优点

如果你加以观察，就会发现，很多人与人之间的交往，有80% 到 90% 的时间，是不会去看对方的优点的，而是经常评判：这个人一般，这个人不太好，他有这样的缺点，他有那样的问题……这是很多人惯用的一种逻辑，先去评判别人，而不是去发现别人的优点。

发现惯有模式，转换观察角度

特别强调这个原则是因为，大家经常处在一种习惯的模式下而不自知。印象中，我学习去欣赏和赞美别人用了长达半年的时间，就是因为惯性思维在作祟！

2003 年读了临床心理专业之后，我跟一个人聊 3 分钟，甚至看他一眼，就会下评判：这个人在焦虑状态，这个人有偏执型人格，这个人大概小的时候有过什么样的创伤……一个心理咨询师的眼睛会比正常人的更加锁定那些不好的东西，时间久了，我觉得自己很不快乐，心里非常难受，因为我看到满街都是病人！但是我恰恰忽略了自己也是那个病人。

因此，我们去观察别人，就是在修整我们信念系统当中习惯性地评判他人缺点和挑剔他人的一种状态。

学会真诚地欣赏别人是快乐的源泉

你要发现很多的美，才能够更加愉悦地生活。很多时候，我们会下意识地看到一个人就迅速进入评判状态：哪里我喜欢，哪里我不喜欢……甚至全是挑剔。每天看到金子肯定是非常快乐的，但是如果每天看到的都是垃圾，你一定会觉得这个世界没有那么美好，觉得周边的环境和人怎么都是这个样子的呢。那要怎么调整？

我分享一下自己的调整方法：

比如，我看到了一个人的缺点，就会迅速努力地找到他的一个优点；如果再看到他的一个缺点，就再努力地去发现他的一个优点……我用这样的方式训练自己半年之久，才做到了可以真诚地去欣赏我身边的每一个人。时至今日，我看到的每一个人都是闪闪发光的金子！因此，遇到陌生人的时候，你就去仔细观察。比如一个女孩子的首饰很特别，或者她某一件裙子很好看，你就可以赞美她。如果跟男生打交道，你可以说“你的思维逻辑性真的很不错”，或者说“我怎么没有想到你的这个点”之类的，对方一定很喜悦。

你要多观察对方具备的优点。人无完人，每个人都会既有优点，又有缺点。努力地发现优点，积极地欣赏对方的优点，并且把优点勇敢地说出来给对方听，是人际关系交往中很棒的手段。

但是有些人太习惯看到别人的缺点，发现不了优点怎么办？有一个很简单的方法：发现一个缺点，它的对角线解读，就是优点。比如，你觉得某人吝啬，对角线就是“节俭”；你觉得一个人脾气暴躁，对角线就是“直爽”。事物大都是两面的，不可能只有黑没有白，所以这个方法也是帮助你发现他人优点的小妙招。

赞美三原则

有效赞美

我曾经在很多团队当中提出要勇敢地去赞美对方，大家都说这个方法不错，要去尝试一下。他们逮住谁，就勇敢地去夸对方，但是夸出来的那些东西一看就明显不符合事实，对方一听就觉得这个赞美是有问题的。

比如对方本身真的比较胖，但是你却说他好瘦，这种赞美叫无效赞美，因为对方完全不承认自己是瘦的；或者对方皮肤明明很黑，你说他皮肤真好，看起来白白的，也是明显不符合事实的。所以，不要做无效赞美。那什么样的赞美是有效的呢？

有效赞美就是赞美符合对方对自己的认可。比如，我曾经听到一个人这样赞美我："雁涵老师，你看起来特别知性和优雅。"我听到这两个词非常受用，因为我给自己贴的标签就是"知性"和"优雅"。我希望自己很知性，所以我在持续大量地读书；我希望自己是一个优雅的女人，所以我很注意自己的言行。如果对方的赞美，恰恰符合我对自己的心理定位，我自然会产生一种愉悦感。我能不喜欢夸我的这个人，或者赞美我的这个人吗？一定不会的。

那怎么能做到有效赞美呢？就是用你的慧眼发现与众不同的亮点。有一次，给 OLAY 做"消费心理学"培训，我讲到，很多人在给销售人员做培训的时候都会说：你看到顾客就要去赞美她。于是销售人员见到谁都说"你好漂亮啊"，顾客感觉受到了惊吓。原因是，很多顾客在自我认知当中没有"漂亮"这个词。难道对于你来说，女人除了漂亮就没有别的可夸的了吗？有一个段子这样说：她不漂亮你可以夸她有气质，如果她气质也没有，你可以夸她可爱。这个段子虽然听起来很搞笑，但实际上也告诉我们要发现对方自我认知的那个亮点。

那如果对方真的有一点胖，但是你又真的挺想赞美他的，要怎么办？假如有一个真的很胖的人问我：“雁涵，你觉得我胖吗？”我要怎么回答？我会说“有一点（这是事实，她知道自己是胖的）”，紧接着再说“但是没有关系啊，因为我觉得这个东西没有影响你的自信啊，我也觉得你自信的态度很美啊，你是一个自信的胖子也没有什么不好啊……”也就是说，你可以适当调侃一下。

避免空泛

赞美的时候，要避免空泛，而要用具体事件来赞美。

比如一个项目完成得很漂亮，你要避免说“你好厉害，真棒”这样泛泛的夸奖人的话语，而要说“我认为，在整体项目进度把握或者与客户对接的过程中，你的快速反应简直太牛了”这样的话语。

比如一个女同事今天换了发型，你要避免说“新弄的，还不错”。（当然，“不如以前”这种话更不要讲。）你可以说“这个新发型配上你今天这身衣服，气质特别好”。对方一定会喜笑颜开的。

把握赞美的时机

什么是合适的赞美时机呢?

第一，在对方相对比较空闲的时候。同事已经忙到天昏地暗，心无旁骛，这时候你讲出的赞美，被收到记下的可能性很低。

第二，在对方心情比较愉悦的时候。假如同事刚被老板骂，或者刚丢一个单子不爽，这个时候，你的赞美会让人感觉别有用心。

第三，在一个优秀事件刚好结束的时候。上个月做的一件事，这个月才想起来去赞美，对方的兴奋度已然下降，所以也达不到“有效赞美”的效果。

赞美如何超越对方期待

说实话，能做到这一点的人很少。我们连赞美都很难讲出口，或者所赞美的都不一定是对方认可的，在这种情况下，要超过对方期待进行赞美，的确是一件非常困难的事情。但这恰恰又是每一个高情商的人和拥有完美人际关系的人所具备的一个利器或者说核心竞争力，所以还是需要多多练习和调整的。

那怎样做才叫超越对方的期待呢?

给人以自信

有的人在某一方面对自己并不那么认可，但是如果你的赞美能够让他产生一些自信，这就是超出了对方的期待。

比如，我有一个朋友，她皮肤有一点黑。受中国传统观念影响，大家觉得女生一定要白白嫩嫩的才好看，所以她很苦恼。后来我在网上搜到了某位女明星的照片，这位明星把自己的身体晒成古铜色，打扮得非常性感。我把照片发给她看，并对她说："美的元素中，白不是唯一的标准，你可以美得非常有个人特色，可以美得非常张扬和性感。在我眼里，你也可以这么美。"后来，她显得很自信："原来我这种肤色也是可以很美的，白不是美的唯一标准。"

这就是给人自信的一种赞美，对于给予她这样赞美和支持的人，她会不会有很深的好感？我相信答案是一定会的。

给对方平常的小事以嘉许

在职场中，有位同事每一天都会定时做一种工作，但这种工作未必有那么高大上，但他却持续去做，直到习以为常，觉得没什么大不了的，但是如果这个时候你给予他赞美，说："你能够在这么长的时间内持续把同样的工作反复做好，我觉得你特别的棒！”大家可以想象，他在完全没有期待会得到赞美的时候，在认为是很自然的事情上却得到了赞美，你觉得他会不会感到非常喜悦和幸福？

到现在为止，我给了别人很多发自内心的赞美，也收获了很多身边朋友亲人给予的赞美。我觉得活在一个赞美的氛围当中，人会很喜悦，会很有自信心，也会很有动力，会愿意付出更多的爱，会更加享受生活，享受生命本身的美好。所以我们应该更勇敢地先去送出赞美，然后再笃定地接受来自他人的赞美。

美好人际关系从赞美开始。

作业：

1. 找到你身边最为重要的三个人，按照上面的方法，在每个人身上找到三个你觉得对方认同的优点。

2. 找到合适的时机去赞美，并观察对方的反应。

3. 你看到了什么？对方的感受是什么？你的感受又是什么？总结出来。

四、正确回应：三明治回应法

我们在日常工作中，避免不了要给同事一些反馈和意见，有时不说还不行，但直接表达，有时同事又接受不了。这时候就可以用一种“三明治回应法”。三明治大家一般都见过，上下两片面包，中间可以夹一些自己喜欢吃的馅料。在回应技术中，上下两片面包意味着正向肯定，中间那一部分代表着你的建议。

采用肯定和赞美开始

比如，我对同事说：“小董，我觉得你最近一段时间的工作非常忙，一直都在加班，非常辛苦，而且纵观你来公司这两年，工作态度也很认真，工作也卓有成效，这一点大家其实都看到了。”我是在给他肯定，在给他嘉许，在给他一些正向的、积极的评价。

建议和意见为中

然后，我接着说：“最近一段时间我有一点心得，也不知道是不是成熟，我来跟你做一个分享。我觉得你最近虽然也在加班，但是整体的工作效率有一点降低。你看你之前做一个这样的海报设计大概一天就完成了，上一次你却三天都没有完成，也没有说清楚理由。我特别想知道你在工作上遇到了什么样的问题，需不需要我支持，或者你觉得自己需要做些什么改善。”

以期待和相信结束

建议提完之后，就是最后那层面包：“当然我一直都觉得你是一个特别勤奋上进的人，我相信如果你能够提升你的效率，更好地完成你的工作，你的未来会发展得更好。”

三明治回应法是要以肯定开始，比如欣赏、赞美、嘉许等。然后，用一种“好像是我观察到或者是我体会到的或者听到别人的传闻”不确定感觉的状态给对方提出一些建议和意见。最后，再放一层面包，就是期待和相信，我期待看到你不一样的转变或者我相信当你转变之后你将怎样怎样。

用三明治回应法提意见和建议：第一，不会让人觉得很刺耳；第二，不会让人觉得很突兀；第三，不会让人觉得压力很大或者非常紧张。总而言之，三明治回应法不会引发他人抗拒，别人接受起来会更加容易，也不会因为表达了意见或建议造成自身人际关系的紧张。

Tips

怎样回应别人不善意的话

我们的确无法保证自己的善意每一次都会被别人准确解读。有时候，即使你只是做你自己，也会无辜引来他人不那么善意的回应。我们可以看下面的案例。

小林是个上海姑娘，法国留学回来，家庭条件非常优渥。借调北京半年，还有一个月就要离开了。

在某次上班坐电梯的时候，小林遇到了她认为的不善意回应。女同事说：“你衣服够多的啊，估计你离开北京时都换不完吧？”小林瞬间就觉得“受伤”了，“她干吗这样说我啊”？于是来求助我，她该怎么回应。

我说：凡事都有三种解决方案。

第一，如果你未来还有可能见到她，还想保留一个相对好些的印象，那么你可以笑笑不作声，然后在接下来的时间，尽量穿得简单朴素。

第二，你可以自我调侃，“其实也没有了，我也就再嘚瑟这一两天”，然后一笑而过。

第三，如果你不在意她，也不会再遇见，那么很简单，直接笑笑说：“怎么，你嫉妒啊？”然后很拽地走开，继续我行我素。

我们在面对所有不善意回应的时候，先要检视自己是否激发了他人的不悦。然后根据所处的环境，选择三个方式之一：保持沉默，选择调侃，同样力度的直面。这些都是可取的方法。小林最后选择了第一种方法。

五、出现矛盾，不怕不怕啦

职场里难免出现工作矛盾，即使一些“老鸟”很熟悉职场关系，也依然避免不了矛盾。心理学里有两个处理工作矛盾的沟通方法很实用，或许可以为我们解决疑难。

上归类法

“上归类法”适用于人们在某一件事上产生极大冲突的时

候，比如A先生和B先生吵架了，A先生认为自己的工作没有完成的主要原因是B先生的拖延，B先生认为A先生稍微高效一点就可以完成，工期延后且没有达成标准的原因主要在于A先生，两个人吵得不可开交。

遇到这种情况如何处理呢？

此时，不管我们处于A、B方还是旁观者，尽可以尝试运用“上归类法”处理矛盾。我们需要明确一个双方一定会说

“Yes”的点，往更高层的思维方式归类。比如，可以依次问“我们先不要吵，大家希望做好工作，是不是？”“我们希望能漂亮完成此事，是不是？”“现在也有不争吵就可以解决问题的办法，你也愿意吧？”

无论是哪个问题，两人一定会说“是”，因为没有人会在那个场合说“不”。如果两个人在同一个状态之下，对同一件事表示“Yes”，他们就变成了团队，而心理学的一个技巧是，先找出能让对方说三个“Yes”的点，那对方就很容易同意第四点。如果我们能在第四个问题里及时说出补救措施或解决方法，就很容易解决问题了。

一旦你发现自己已经和别人陷入了争论，最好的办法是及时叫停。如果我们正为了某件事互动，马上就要升级到吵架的程度，可以尝试叫停，再用“上归类法”将事态控制在一个可以共同商讨的状态，就能避免矛盾了。

下归类法

“上归类法”强调公司利益高于一切，我们需要共同的目标，而“下归类法”更适合女性角色比较多的争吵，因为女性更容易产生情绪，而很多矛盾产生于观念的不同，观念会引发情绪。

同时，我们会发现很多人在职场里吵架，主要说的是彼此的人品、缺点等，很容易引起强烈的情绪，却和工作内容没什么关系。

很多矛盾是突发事件，如果两人一直处于争吵状态，可能很久也拿不到结果。面对需要快速得到结果的事情，用“下归类法”解决当前矛盾是很适合的。如果 A 女士和 B 女士吵架，我们可以尝试说：“A 女士、B 女士，我听出来了，你们各自都有相应的道理，我们先把你们的委屈和问题放在一边，咱们

就事论事，看看具体的事件中到底发生了什么。我们先想办法解决它，再商量你们的关系问题。”如果我们自己和同事之间发生了分歧，也可以用同类方法做角色替换。

有人的地方就有事情，有事情就一定有矛盾，因为每个人都有相应的信念系统和认知事物的方法论，矛盾是不可避免的，职场当中更是如此。虽然矛盾不能避免，但我们可以运用智慧来处理这些矛盾，避免造成职场人际关系的硬伤，搞得大家都合作不下去，彼此看见都像仇人。

“下归类法”还可以解决很多具体事件引发的情绪对立和矛盾。很多时候，如果我们解决了一些细小的事情，个人情绪也会随着时间或问题的解决而变化，此时，大家再坦诚沟通或为彼此提出建议，就会更容易。

六、内向人沟通心得

我们先看一个对话案例：

W 先生：雁涵老师，我觉得我太内向了，在职场上没有优势。

我：你所期待的优势是什么呢？

W 先生：更多地被他人关注，领导注意，和同事互动良好。

我：如果你的能力和表现并不好，很多人关注你，是好事情吗？似乎也不是，对吗？

W 先生：但平时大家在一起，人家开玩笑的时候，我根本就没有办法融入他们。只能自己在那边，也不知道能干什么，感觉就像在发呆一样。

我：好吧，这是一个问题，那么你希望融入团队，期望被别人关注，或者也很想跟其他人做朋友，是这样的吗？

W 先生：对的。

那这个案例能给我们什么启示呢？

学会接纳自己

内向安静也没有什么不好。其实在职场当中，我们不光需要那些天天都很聒噪的人，有时也需要一个可以安静聆听他人的人。因此，去做一个非常温暖的倾听者，更多地聆听别人在讲什么和讲的背后的原因，然后给别人以实际的支持和帮助，都是增加职场竞争力或者凸显自己能见度的好方法。

接纳你的内向和安静。你要了解，内向只是你的一个面向，不代表你不可爱。说不定你思维缜密，或者与人为善的程度很高。有些人是靠锋利和不断的努力去赢取职场的机会。而你，只是有所不同。

化被动为主动

内向的人大多是被动的，总是在等着别人的接近和主动开口。那么我给大家两个妙招，成为主动的一方，让你的生命有所不同。

第一，主动开口。你可以观察他人平常喜欢谈什么；你可以主动询问其他人在工作之外，喜欢做点什么；他们喜欢什么样的食物，或者品牌。一般人在聊到自己喜欢的事情时都会滔滔不绝，这时候，你就可以专注而安静地聆听了。这会给别人带来很好的感受。

第二，主动行动。如果你无意间听到其他同事有些爱好与你一致，那么你不妨主动邀约，比如一起去打羽毛球、一起户外徒步等。当然，如果是异性，除非你有企图，否则不要邀约对方去参加一些私密性很强的活动，如看电影、游泳，容易给他人造成错觉。大家一起做事情的时候，避免面对面坐着聊天，这样你很放松，他人也会对你有好的感觉。

总之，不要过分在意自己是不是内向，并因此对自己进行评判。老天创造每个人都有其深意。发挥自己内向细腻温暖的特质，打开心怀去聆听别人，关爱别人，你也将成为一个在职场中受欢迎的人。

总结

沟通是职场中很重要的事情。不沟通，工作无法进行；沟通不畅，工作就会不顺畅；沟通不畅产生误解，会导致各种矛盾发生。

有效沟通三步曲：带着心去沟通；满含善意，让别人愉悦；坚持共赢。

倾听三步曲：听，听到，听懂。聆听的部分需要反复训练，反复去找感觉。带着不同的心态去听对方讲，感受会完全不同。

赞美三原则：做到有效赞美；避免赞美空泛；把握赞美时机。

三明治回应法：以肯定开始；中间给对方提出建议和意见；最后是期待和相信。

和同事之间出现矛盾的时候，可以尝试上归类法和下归类法解决。

如果自己是内向的人，就要先学会接纳自己，然后化被动为主动，则沟通基本不是大问题。

第五章

职场关系管理

管理好职场关系，让他人成为职场助力，而不是障碍；让他人帮你铺路，而不是拖你后腿。

一、职场关系范畴管理

什么叫范畴？范畴其实是一个边界感，是一个范围，是一个界限。很多人在职场当中非常容易陷入一个误区，对职场关系的范畴缺乏相应的管控，由此造成了诸多问题的产生。

在职场关系当中有哪些范畴是需要我们去管理的，是需要我们去控制或者说去掌握一定的尺度的呢？

人际关系范畴管理：好朋友不等于知心朋友

人都是社会属性的动物，活在各种关系里面。职场又恰恰占据我们生命很大的比重，所以很多人的问题也都发生在职场的人际关系当中。比如，有人问我："雁涵老师，我们在职场当中可以有朋友吗？”我说当然可以，我们需要跟职场当中的每个人成为好朋友。他说：“那如果我跟他分享一些我的秘密，他告诉别人怎么办？”

这位学员认为好朋友就一定可以无话不谈，这显然超出了应有的界限。我给他做了相应的界限的区分。好朋友不等于知心朋友，我们在职场当中是需要有好朋友的，每个人的关系都要很融洽，但是在职场中不适合有知心朋友。什么叫知心朋友？就是你可以跟他分享生命中所有的秘密，你可以跟他分享你对周围人事物的所有看法，你可以把自己对很多事的态度和评判毫无保留地说给他听……但是，这在职场是不合适的。为什么？

比如，我在沙滩穿比基尼很正常，我在晚宴里穿高定礼服也很正常。但是如果我把比基尼穿到宴会的现场，这明显与那样的范畴不相符。同样的，你在职场中找知心朋友，也是与职场的范畴不相符的。原因在于，我们很难保证在整个职业生涯发展的过程中，跟其他人没有利益的瓜葛。我们在职场中，肯定有合作关系，但是也有竞争关系。我们长期处在同一个地方，每天都相伴八九个小时，其实很难避免自己的一些言行让对方误解，或者对方的一些言行刺痛了我们的内心。在这样的关系中，如果我们还要把所有的东西都分享给对方，其实是不利的。

所以，我们可以在职场当中有好朋友，但是要尽量避免有知心朋友，因为职场就是一个工作、体现价值的场合，而不是需要无话不讲、分享所有喜怒哀乐的场合。

层级关系范畴管理

上级关系

职场层级关系范畴里，我们首先要注意对上级关系的管理。

一些人认为自己的老板很好，对自己也特别好（这种情况在女性中间高发），就容易随心所欲地表达，什么都跟老板说。有意见就直接跟老板表达，觉得老板哪点做得不好，也直接提出来。我个人认为，沟通是好的，坦诚、直接的沟通可以避免我们产生情绪积压，但是，一定要注意职场里上下级之间的层级关系，不可过于随意。即使当今强调团队，也依然要清楚层级之别的关键在于不同的职别所承担的责任和享受的权利是不同的。面对众人，要学会给上级留面子，而不要抱着“大家都是一个团队”“要区分那么清楚吗”的想法。我们要在合理尺度内表达尊重，形成一种更好的配合关系。

此外，我们需要时刻记住，上司具有决定权。很多人经常挑战上司的决定权，表示“你的决策不对，我要如何如何”，而事实是上司需要对更大范畴里的事务负责。如果你还不具有完全为某事的结果负责的职责范畴，首先要学会的是服从和尊重。

处理上级关系时，最简单的方法就是保持一种心态：无论你和上司的私下关系有多好，都要时刻记得他是上司，在保有尊重的同时维持一定的距离，明确自己什么时候应该服从、什么时候可以私下说出建议，学会有效管理关系尺度。

平级关系

平级之间也会产生一些问题，主要在于容易形成帮派。平级之间的竞争关系更强，我们容易站在评判者的角度看待别人的工作，挑剔彼此的缺点，可能会嫉妒别人做得比自己好，很不服气，经常思考“我要如何做得更出色，一定要超越他”，甚至可能会彼此设置一些障碍，导致各自的团队各执一派，针锋相对。

在职场的竞争环境里，以上心理状态的存在是正常的。但我们也要知道，对于一个企业、一家机构而言，平级间的最好状态是通力合作，共同创造价值，良性竞争自然会得到发展，如果不符合公司需要或产生了负面影响，也会受到一定的惩戒。

处理平级关系，一定要注意互相学习、互相欣赏，多多观察同事的优点，如果看到一些不足，也可以采用适当的方式说出建议或吸取教训，将竞争关系变成融洽的合作关系，以便完善自己的能力，促进公司的发展。

下级关系

做领导的有时候跟下属之间会处于两种非常极端的状态：

第一种，很严厉，成了领导之后，把自己高高地摆在一个位置上发号施令，说什么下属都要听。这样的话，会让下属跟他非常疏远。下属会觉得“反正你是领导，反正你就说事儿，我们就去干吧”，但是，他们对这类领导没有一种情感归属。所以领导管理下属的时候，切记不要把自己高高在上地摆在那里，否则会失去互动沟通过程当中的一些软实力。

第二种，跟下属打成一片，大家都是哥们，都是姐们，同吃同住同劳动。这其实是另外一个极端。如果太过模糊上下级界限的话，同样会陷入另外一个误区，即大家以为你很好说话，会把这种情谊带进工作当中。但是任何公司都有相应的规章制度和管理规范，当你发现他们有一些行为不符合规范想加以惩戒的时候，你会发现他们非常抗拒。因为大家觉得平常都是哥们、姐们，你却突然之间变得这么疾言厉色，会难以接受。

不论是把自己摆得高高在上，还是跟下属打成一片，实际上都是领导对职场下级关系范畴管理界限的不清楚造成的，这一点需要大家十分注意。

情绪范畴管理

很多人听到“情绪范畴管理”，就会问：“啊？雁涵老师，职场关系管理里面竟然还有情绪管理？”是的，我们很多人都忽略了这一部分。我经常听到有些在职场中的人说：“我这个人就是脾气比较直，可能有的时候暴躁了一点，但是也没有关系，我说完就完了，我不会往心里记仇。”还有一些人则是一直忍，别人说了也不吭声，别人做了某些过激行为也不做相应的反馈，直到忍到某一天彻底崩溃，要不然就辞职而去，要不然自己已经“抑郁”。这两种情况其实都是不好的。前者是对别人有伤害，后者是对自己有伤害。但同样的，这两种情况都不能使人拥有良好的人际关系。因为只有真正平和的情绪才能使你拥有特别良好的人际关系。

很多人在工作当中注重技术，重视知识，但是忽略了自己的心境、认知、态度和情绪这些方面所带来的相应的加分或是减分。大家试想一下，我们身边人际关系非常良好的人都是什么样的人？一定是积极向上的、乐观的，一定是自身很平和的，一定是乐于助人的……如果我们都处在这样一个情绪范畴当中，就会非常有助于我们实现“人际关系的安全”。

如果你的“人际关系安全”，就会更容易让你在职场当中获得更多的机会，获取更多人的支持，会有更多的人愿意站出来为你讲话，支持你去实现你的梦想。

我们一定要深入地剖析自己的性格特点，找到自己的情绪关键点。同时，也要仔细观察别人的情绪关键点。每个人所发作情绪的关键点是不一样的。比如说有些人不在乎钱，但是把尊严看得很重要，谁要挑战他的尊严他可能就会发脾气。有些人则会觉得别人说他两句没关系，只要不骗他钱就可以。我们不要去刺激其他人的情绪关键点，同时要对自己的情绪类型有所了知，并且要很好地加以梳理和管控，这样我们就会进入一种特别良好的情绪状态。这种状态对于工作的持续性、工作时饱满的精神状态和与周围人相处时圆融的互动关系，都是极其有帮助的。

二、上级管理：处理好领导关系，实现职场快速超车

四型人格识上级

如何快速地分辨领导的性格特点，并且用很好的方式跟他们相处？这似乎是很多人关心的问题。

在心理学当中，有一种常见的性格分类方法，叫作四型人格读人法。这方法听起来是不是有点神秘？其实四型人格在心理学当中，是一个特别基础的人的型格分类，操作方法也很简单，即将“内向”和“外向”分别作为纵坐标的两端，将“感

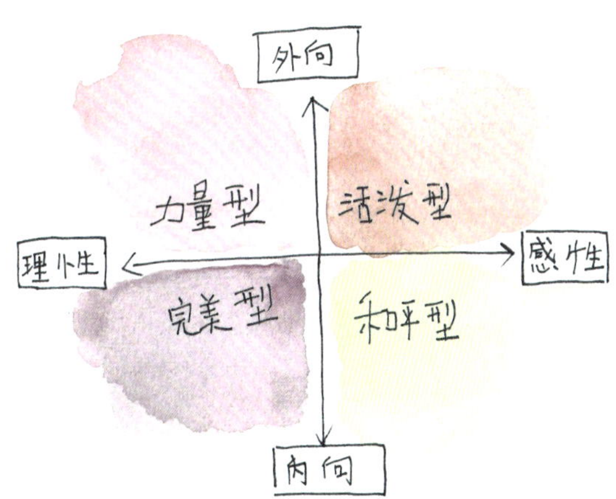

性”和“理性”分别作为横坐标的两端，纵横坐标交叉即形成四个象限，以此对应不同的人格。四种人格分别为活泼型、力量型、完美型、和平型。

活泼型

当一个人外向同时感性的时候，心理学当中会把这个人标注为活泼型。我们可以很容易分辨人是内向还是外向，但是不太容易分辨人是感性还是理性。我教大家一个很简单的方法，就是去观察。当一个人在沟通过程中，描述事情的细节居多，表达具有逻辑性，很关注事情的结果，这一类型的人就很理性。如果一个人在他的话语当中，多用一些关乎于感受的形容词，比如说这件事他很不高兴，或者说那个人让他不开心，就可以把他暂时归为感性的。

如果你的领导是一个很外向同时又很感性的人，我们就把他标注为活泼型的领导。活泼型的人，如果用一种动物来形容，就是孔雀。如果用《西游记》中的人物来形容，就是猪八戒。活泼型的人，他们一般体型会有一点胖，因为他们喜欢美食，喜欢很多非常好玩、有趣的东西。这类型的人在人群当中就是一个开心果，凡是有他在的场合就会非常热闹，他们多言，很喜欢跟陌生人交朋友，能够快速地跟其他人打成一片。但是事物都有两面性，活泼型的人也会有一些弱势。他们思维比较跳跃，感兴趣的东西很多，随时可能被一件好玩的事情吸引走，很难对一件事情长久专注。如果遇到活泼型的领导，我们可能会发现他的思维很活跃，点子很多，一旦他们对某一件事或某一个任务表现出兴趣，就会迅速要求下属去尝试，也希望能尽早看到结果，可能出现的问题是，下属正忙着执行，领导的兴趣却已经转移了。此外，活泼型领导可能更容易发脾气，但不会一直记得或处于不好的状态，往往发过脾气就会考虑下一阶段的工作。因为他们的人生追求是“我要快乐”。

那我们用什么方法跟活泼型领导相处呢？就是让自己表现得很有趣。活泼型的人是特别喜欢跟有趣的人、有趣的事、有趣的物品在一起的。跟他们沟通的时候，不用顾虑太多，有什么想法，可以直截了当地用有趣的方式表达，他们很容易就能接受。比如日常工作中，可以拍拍肩或者调侃一下，开一个玩笑，等等。

力量型

如果你感觉到你的领导是外向型的，但是他很理性，做事情要结果，要目标。那么这一类型的领导是力量型领导。力量型的人在整个人群中只占不到 5%，非常少，他们是智商极高的一群人。其实一些我们耳熟能详的国家领导人，大部分都是力量型的。他们非常卓越，很优秀，目标感极强，执行力也特别强。他们属于对征服困难非常有想法的领导。

跟这样的领导在一起，会让人进步很快。因为你会感觉压力很大。力量型的人，天生资质比较优越，他们通常能够在一个事件当中快速地想到执行的方案，并且做出决定。同时不畏艰难。

所以跟着他们会有达成目标的成就感。但是这一类型的领导，比较容易刚愎自用。因为他们确实智商超高，能力又非常强，所以他们会自我感知极为良好。有的时候不是特别关心或者在乎其他人的感受，因为他们是以解决事情为导向的类型的人。

力量型的人，如果用一种动物来形容，就是老虎；如果用《西游记》中的人物来形容，就是孙悟空。能力超强，但是相对比较自我，控制欲强。面对力量型领导，我们更要秉持恭敬之心，与他们保持一定的身体距离，少开玩笑，要让他们时时感受到自己的尊贵。在日常工作中，我们一定要富有行动力，认真执行他们下达的任务并定期汇报，汇报过程也要详尽，避免让他们产生失控的感觉。

完美型

如果一个领导既内向，又很理性，我们称之为完美型领导。完美型的人比较多见，逻辑性强且善于思考。一个完美型的人，往往以思考为主导，身体能量消耗很大，容易偏瘦，也会拥有一双审视他人的眼睛，做事非常注重完美。完美型的人不会轻易相信一个人，一旦真正信任一个人，就会很长情。

如果你遇到了一个完美型领导，那你需要在工作过程中非常谨慎，避免工作出现瑕疵或者错误。因为完美型领导的眼睛往往如同 X 光一般，会考察到极致的细节并评判对错，如果你遇到了一个完美型领导，就必须谨慎面对所有任务，避免出现瑕疵或错误。同时，要将所有执行的细节和逻辑清楚地传达给他们。

完美型领导用一种动物来形容的话，就是猫头鹰，一直在观察，一直在思考；用《西游记》中的人物来形容的话，就是唐僧，不是絮絮叨叨的唐僧，而是追求完美的唐僧。

完美型人的终极目标是要将所有事做到完美，你或许会发现他做决策较慢，因为他在头脑里构思了无数方案，需要一一筛选，而我们要配合的，就是跟随他的节奏，严谨关注所有细节并执行。

和平型

如果一个人比较内向，但是又很感性，我们称之为和平型的人。

顾名思义，和平型的人总是期待和平，考虑问题时总是希望将所有可能牵涉的人、事尽数照顾周全，也因此更容易陷入纠结状态。在人群里，和平型的人往往是一个老好人，总是尽力营造和谐的氛围。

通常，和平型的人没有很强的得失心，也很少产生“我一定要实现某个目标”的紧迫感，因此，发展到领导层面的和平型人不是很多，如果成为领导，他可能更偏于和平且完美的人格，处于两种型格的交叉地带。和平型的人用动物来形容的话，就是考拉；用《西游记》中的人物来形容的话，就是沙僧。沙僧是那种什么也不争抢，老老实实挑担子的人。

如果你是一个力量型或活泼型的人，在职场遇到了一个偏内向又很感性的领导，就要注意放慢自己的节奏，倾听领导的纠结，避免不断催促正考虑决策的领导，也不要引发领导的焦

虑，或许你也可以尝试给领导一些小建议或控制一下时间节点等，以便加快工作进度。

了解了四型人格，我们可以在日常工作中多加观察、实践，运用心理学经营和管理自己的职场关系。

学会管理上级

我们学习了很多职场管理方法，却往往会忽略一个重要问题，即如何管理上级。很多人可能会困惑："不是上级管理下属吗，下属怎么能管理上级呢？"实际上，管理上级是很重要的一种能力。如果我们能更好地管理自己和上级的关系，促进不同层级之间的融洽合作或配合，会更利于公司的业绩发展和个人的职业发展。

管理，"理解"在先

实际上，管理的第一步应该是理解，理解之后方可管控。作为下属，我们经常神化自己的领导，认为"作为领导，做好一件事是应该的"，也总难以忍受领导的强烈控制欲或暴躁脾气，忽略了领导作为人的属性。作为一个人，就难免陷入个人情绪和烦恼，难免被自己的个性所控制，也难免压力，领导亦如是，甚至级别越高，面临的压力越大。不管我们作为下属还是“路人”，需要明白的一点是领导并不是全能的，也不是没有个人感受只为工作而生的。高压之下，偶尔的言行过激或行事不如期待是很正常的，我们要设身处地地理解他们之后，再做评判。

管好期待

管理，先理后管。个人认为，我们先要管的是期待，不只要管好自己的期待，也要管好上级的期待，让一切处于合理的范畴。

第一，管好自己的期待。一些人容易陷入自命不凡的怪圈或自认为领导已经看到了自己的努力，总是会猜测“我已经加班那么久了，领导会不会给我一个嘉许、会不会给我升职加薪”等问题，总会期待自己的付出可以得到良好的结果，而事实是职场里的一切不会随期待发展。

如果我们要更愉悦、迅速地发展自己的能力，就要学会管好自己的期待，做好领导分配的工作，踏踏实实完成自己的任务，可以展望结果却不可产生太高的期待，即不可急功近利。如果你种下了一粒好种子，又得到了不错的阳光、水分、养料，开花结果是自然而然的，而过于急功近利，无异于揠苗助长，于事无补，甚至会产生反作用。

第二，管好上级的期待。在高压的工作状态下，一些领导可能需要助手为自己分担一些事。如果他觉得你为人处世的态度不错，可能就会要求你处理一些事情，即使那会挤占你的业余生活，你可能也会欣然答应并完成，如果领导发现你做得不错，可能会交给你更多的事，甚至那些是你并不擅长的工作，那时就要坚定地表达“不好意思，我可以完成您之前交给我的几件事，但关于最新的某事，我并不擅长”，以“那并不是我的职责所在”的潜台词委婉拒绝。

如果你的能力不足以完成某事，切记不要让领导产生过高的期待，期望越高，压力越大，你在管控个人精力、时间和压力的匆忙中，必然会发生失控或出现疏漏，那并不真正利于你的职业发展。

及时汇报

很多领导会在布置任务时说“没关系，你尽管去做，我只要结果”等话语，我们需要注意的是，经常如此表达的人往往很担心失控，他强调了自己只要结果，心里却充满了不确定感，偏细致、掌控型的领导尤为如此。

作为执行者，避免失控的第一步是反复向领导确认目标和细节，以防我们所理解的任务和领导的意思之间产生信息不对等的情况；第二步是保持定期或阶段性的汇报。

很多职场人和平级同事甚至合作伙伴的沟通一直很好，可总是避免和领导产生任何形式的沟通，偶遇时总是尴尬地沉默，甚至逃跑。从心理学的角度分析，如果我们和原生家庭里代表权威的父亲之间不是很和睦，可能就会和成长时遇到的老师、工作后遇到的领导产生沟通障碍。但是，要成为一个成熟的职场人，走向更高层次的发展，就要学会克服自己的恐惧，至少要在完成工作的过程里主动、积极地向领导汇报进展甚至自己所遇到的问题。

不管是什么类型的工作任务，在执行中我们难免遇到困难或阻碍，而及时沟通的好处是，我们可以及时说明自己需要领导或公司给予某些支持。一方面，领导会意识到我们始终在努力推动工作的进展；另一方面，互动过程也会给领导一些灵感，或许他会产生一些更好或更高效的思路，甚至与你分享自己的职业经验或向公司申请一些帮助，促进目标的达成。

永远要给领导安全感

一些人可能会困惑："领导还需要安全感吗？他的安全感应该比我要强烈吧？"实际上，要在一家公司甚至一个庞大的集团里做到中高层管理者，往往要付出很多努力，而同级的竞争者又很多，领导就会很不安，经常担心自己被替代或被挤掉，而一个聪明、优秀的下属要懂得适时给自己的领导或高层管理者以安全感。

第一，适当表达你对领导的尊重、感激。在适当场合向领导展示你的尊重，并感激领导给予你在职场实现梦想的可能性，也可以偶尔暗示自己的忠诚度，让领导意识到你具有一颗感恩之心，并会支持他的工作。

第二，学会示弱。当今科技如此发达，获取知识的渠道很多，很多年轻人的知识体系和思维创新既完整又前卫，也越来越优秀，就会在领导面前过多地展现自己的优秀，期望以此得到升职加薪的机会，在一定程度上，这种行为是超越了合理的职场关系范畴的。

我们需要展现自己的优秀，也要学会隐藏自己而得到机会。第一，要注意展现个人能力的方式，尽量做到"高调做事，低调做人"，保持谦卑；第二，很多时候我们可以以退为进，比如处理某一方案，你觉得自己可能会做得比领导更好，又担心触及领导厌恶的地方，可以尝试表现得没有领导处理得那么好，用一种请教的方式询问“是否可以从 AB 方案延伸出 C 方案”等。

第三，不越界。我曾看到一些员工和领导坐在同一饭局里，员工几乎全程在说话，领导看起来很包容，可从心理学分析，我们都希望自己成为大家在意和尊重的焦点并获得认同感，领导也不例外。我们身处职场，就要明白职场饭局、会议等，以及日常交往中的层级界限。如果你能掌握好界限，给予你的领导一份安全感，无疑是给自己的发展铺垫了一块基石。

学会建立信任

在管理上级关系的过程中，我们会发现建立信任感是促进关系发展的重要一步，不仅利于升职加薪，也利于拓展人脉。我们可以依据一定方法建立信任关系，为自己的职业发展奠定基础。

不要恃宠而骄

第一，要明确的是，只要层级关系依然存在，领导对下属的信任就是有限的。职场是供我们实现个人价值并拿到匹配个人价值的酬劳或成长空间的环境，利益关系永恒存在，一些大型机构或传统企业也会更讲究层级关系，在此类秩序之下，我们不可能让领导无条件地信任自己。

第二，作为下属，不能因领导信任就恃宠而骄。要知道，领导对下属的信任状态是时刻变化的，我们绝不能以“领导现在很信任我”而自满、骄傲、懈怠，甚至不拿领导当回事。恃宠而骄是职场大忌，因为领导手里握着一张“王牌”——开除你。不管是业绩的完成度，还是我们的日常工作状态，只要任何一项没有达到标准或符合领导的意愿，信任度可能就会下滑。

忠诚、卓越、负责

避开了信任雷区，我们就要了解领导更愿意信任的下属类型，并尽力趋近于那样的品质。

第一，忠诚。如果我们阅读经典作品或观察现今的企业文化，就不难发现，无论是在各个古老的朝代，还是在当今的各类机构，领导者总是无一例外地喜欢忠诚度高的下属。这在我跟很多企业领导人聊天的过程中也得到了认同。很多年轻人总觉得“如果我能在现在的公司里实现个人价值，我就待下去，如果哪天发现自己实现不了，我就跳槽或创业”，即使你没有离职，也从未表露过自己的所思所想，心里的决定也会影响外在的行为，你或许会在言谈、行为里不经意地流露出观望态度，即使你能力超群，可能也会成为被领导防范的群体。

第二，卓越。如果一个人很忠诚，却缺少完成工作任务的能力，领导的信任也会日渐流失。一方面，你无法替领导解决问题，另一方面，领导也很难将你放在很关键或需要高信任度的岗位。因此，我们要迅速完善、培养自己，不断增强专业及各方面的能力。

我们需要明确的一点是，能力不只是专业技能，还包括很多潜在的实力，比如人际交往的亲和力等。如果一个人被领导选中，不仅说明他一定具有某些闪光点，在某一方面做了一些正确的事，也会给我们一些自信和得到认可的成就感。

第三，负责。领导更愿意信任或委以重任的人，往往是富有责任心的人，可以在关键时刻说出“没关系，我来处理”或“领导，我尽力解决它”。

一个人的知识体系和能力水平具有边界，领导并不万能，也会感到无助。如果一个下属既忠诚又有能力，同时富有责任心，毫无疑问，他会得到领导的信任。

此外，还有一些可能会被考核的品质，比如团队精神、工作经验等，但最基础的依然是关乎忠诚、能力、责任心的核心素质。

如何重建信任

很多人可能会得到信任，被重视、被羡慕，又因某事而暂时失去了领导的信任却还没有被解雇，就很容易因此而抓狂，反复强调自己的忠心或用力过猛地补救，甚至选择离职等消极手段逃避，忘记了最重要的是采取积极的方式，重建信任，东山再起。

第一，我们要先让自己从“失宠”的强烈失落感里冷静下来，反思自己做错了什么而导致“失宠”，认真总结自己和领导之间出现信息不对等的原因，明确自己需要在哪些方面做出改进。

第二，我们要着手考虑高效改善或补救的计划，以及未来如何吸取教训，不再重蹈覆辙。

第三，当我们彻底冷静，客观反思、总结了恶性事件的教训并得到了一定收获之后，就可以以稳定的状态和领导沟通了。沟通时要注意坦然承认错误，勇于承担责任，清楚表达自己的思考，比如“我在哪一方面做得不充分，现在还有 A，B，

C 三个补救方案”或“如果下次遇到类似问题，我将如何避免损失”等，同时也要欣然做好接受惩罚的准备。

如果领导做出降职等惩罚决定，可能是由于损失巨大，也可能是为了维护公司制度，我们要做的就是为自己的行为负责，并迅速调整状态，专注地投入工作，认真完成每一件事。只要我们能坚持一段时间，不仅会赢回领导的信任，也可能会得到一个更好的机会，因为一个勇于认错、愿意及时调整自己，为自己的行为负责的下属是值得领导喜爱和重视的。

三、如何管理下级关系

识别四型团队人员

职场发展进入一定阶段，我们也会从下属变为领导，而管理下级关系的第一步就是组建一个“牛人团队”，即充满核心竞争力的团队。很多人困惑于“如何才能增强团队的核心竞争力”，殊不知，一个厉害的团队并不是由一个个“牛人”组成的，团队的重点在于配合，而那些只在某一方面能力卓越的人并不能撑起一个团队，反倒会影响团队的稳定与和谐。

通常，我们会将一个团队的人划分为四类。

人财：人财型下属能力很强，可以为公司创造巨大的利润，属于“20/80 原则”（一个公司 80% 的绩效往往是由 20% 的人实现的）里的 20%。

人才：人才型下属的知识结构很好，也愿意努力工作，处于稳步上升阶段，没有为公司创造很大比重的财富。

人在：人在型下属，属于 60 分的员工，可能会按时上下班，却不一定会按要求完成、做好工作任务，我们可以在很多团队里看到他们的身影。

人灾：人灾型下属能力一般，嫉妒心强，往往容易挑起争端，可能会经常说些“张家长，李家短”的是非，不停抱怨工作，甚至挑拨团队成员之间的关系，即办公室政治的始作俑者。

作为领导，我们需要准确区分自己团队的现有人员分别属于哪个类型，再根据不同的类型采取不同的管理方式引导下属，以最大化地激发团队的凝聚力和核心竞争力。

第一，人财型下属的确能力卓越，为公司创造了巨大的利益。作为领导者，我们应该尽量保护他们，为他们创造较为宽松的工作环境和制度，以刺激他们发挥更大的作用。同时，我们应该注意到人财型下属可能更容易骄傲、自负，也更容易遭受嫉妒、孤立，可能会承受很大的压力，难以发挥创造能力和工作激情，从而影响绩效，公司的利益也会随之受到影响。为了最大化地激发人财型下属的潜力，我们要尽量为他们创造独立工作的可能或为他们配一个团结的小组，再放手随他们战斗。

第二，人才型下属是“人财”的预备役，我们可以通过一系列培训将他们变成人财型下属。如果他们欠缺一些专业能力，我们可以送他们出去学习，如果他们在团队配合或解决问题方面存在问题，我们也可以为他们提供一些培养情商、塑造心态的培训等，激发他们的勇气、耐心和挑战精神，综合塑造其为第二梯队的“人财”，为公司创造财富。

第三，管理人在型下属最好的方式就是绩效激励，我们要运用各种形式的绩效奖励激发他们的主观能动性，并让他们意识到自己在团队里的价值，从而主动学习、工作，积极改善现有的消极状态。

很多人在型下属之所以得过且过，是因为个人能力不足或人际关系太差，索性选择止步不前。我们也可以主动询问人在型下属的成长计划，给予一定机会和支持，尽量让他们向人才型下属过渡。

第四，面对人灾型下属，我们要做的就是迅速剔除，因为人的负向能量会在团队里蔓延，不仅会影响另外三类成员的工作，也会分散团队凝聚力和大家的共同目标。

一些时候，我们会发现“人财”和“人灾”是同一个人，究其原因，主要是“人财”恃宠而骄，觉得领导都做得不太好，顶撞领导，在公司横行霸道。一方面，他能给公司创造80%的利益；另一方面，他又破坏了团队气氛，如何处理呢？

个人认为，那些倾向于抱怨、挑剔，容易指责他人的人，往往是不够自信的人。自负和自卑总是共生的，一个人越骄傲，越喜欢标榜自己，批判、贬低他人，就越需要充分的肯定和自信。作为领导者，我们需要和他平等沟通，了解他们的渴望和恐惧。如果可以，最好也尝试了解一下他们的原生家庭，因为那些小时候经常被妈妈指责的人，会更容易贬低、攻击他人，只要我们了解了那份心理成因，就可以有针对性地开始“治疗”。

简而言之，沟通和倾听是解决问题的良药，我们可以尝试安抚他们的内心，给予他们平和的心境，再创造条件，让他们成为小团队的领导者。如果沟通之后，他们仍处于原来的不良状态，我们就只有两种选择了：一是给他们一个独立的工作空间，尽量不要让他们和别人产生过多的联系；二是宁可忍痛让他们离开，也不能埋下不良的种子，以免他们在公司发展的重要时期主动离开，那时对公司的打击无异于釜底抽薪。

安抚个性较强的下级

职场管理者经常会遇到一些个性较强，甚至和自己对着干的下属，我们要理解的是，那些会和领导对着干的下属往往是比较有想法、有态度的员工，我们要允许下属具有自己的工作态度。

用“征求意见”的方式代替指令

由于担心失控，一些领导会倾向于压制下属的个性，希望他们能遵从自己的意愿而工作，但真正高效的工作状态并不是一味地执行领导的指令，我们需要引导那些真正具有能力却又困于个人思维的下属。

哪些人属于个性较强又具有能力的下属呢？

通常，他们具有足够的知识储备和一定高度的思维能力，如果我们不引导他们真正明白我们的工作思路，只是强调“我说你做”，他们就会产生较强的抗拒心理，也可能会在执行过程中出现“行为变形”，即最终得到的结果不是我们所希望的结果。另一类下属可能个性更强，如果不认同领导的工作思维，索性选择不做，最好的方式就是采取征求意见的形式布置任务，比如更换语言、神态，将“小王你今天做一下某事，星期六交给我”变为“小王，张总今天给咱们部门安排了一项工作，我想交给你试试，主要是……，你还有什么想法”，通过征求他的意见，明确表达你的思路和建议，也可以在讨论过程中碰撞出新的火花。只要双方能够达成一致，他就会觉得你充分尊重了他的意见，从而高效执行。

那些具有一定知识水平，同时又具有独立思维能力的人，很不喜欢被人左右，他们所抗拒的，也许并不是事件，而是领导的工作思路、态度等，比如认为领导过于强势或专制，没有尊重下属的时间、精力、个人意见，从而产生抵触情绪。征求意见的形式或许会使工作看起来进展很慢，却是一步一步促使双方保持了统一战线，在一定程度上，要比硬性指令更为高效，因为他既不会抵触任务，也会尽量高效、愉悦地完成，同时，双方配合的形式不会导致“行为变形”和事倍功半的结果。

成为生活朋友

一些看似个性较强的下属，或许能力并不是很强，思维也处于一般水平，却很容易抗拒领导的意见或建议。领导可以多加观察，判断他的原生家庭是否和睦，尤其注意了解、观察他和父亲的关系。

从心理学角度分析，在原生家庭里，父亲一般代表权威，如果一个人和父亲的关系不是很和睦，就会和象征职场权威的领导之间存在一些交往障碍，因为在一定程度上，职场是原生家庭关系的放大镜，他所抗拒的，是权威的投射。

面对此类型的下属，领导可以运用一些情感关联，给予更多的耐性，多多倾听和关爱他们，而非一味运用权威压制，甚至可以给予他们一些生活关怀，比如像知心哥哥、知心姐姐一般为他们疏解困惑，让他们感受到人与人之间的温暖，或许他们就会从此忠诚于你，成为你最大的助力。

给予广阔的工作空间

或许，一些个性较强的下属喜欢独自完成工作，厌恶全程被监管，因为目前处于职场的年轻人多为“90后”，他们从小就被父母严格管控，以致步入职场后，仍会抗拒管理。

如果他们具备工作能力和独立思维，最好的方式是给他们一个广阔的工作空间，即领导只需要跟他们平等地沟通完成任务的标准和时间节点，甚至可以添加一些没有完成将要受到的责罚，就可以吩咐他们去执行并表示全程支持。在整个过程中，领导需要设置一些小小的“监控”，比如你预计任务进展到30%了，就可以去了解一下过程，询问下属是否需要帮助等，如果他们不需要，你只要表示继续支持就可以放手了，最好不要过问太多细节，比如“你和客户聊了吗？聊了什么内容”，以免下属认为你不信任他。

领导也可以在日常的管理中融入类似的制度，给下属一个开放的氛围，比如在日常工作中和员工约定，分配的项目要在什么时间完成，完成的标准是什么，并要求员工每周汇报工作进度，说明自己完成了多少，以及是否遇到需要公司给予支持才能解决的问题，用日常的制度避免人和人之间的层级隔阂、对抗关系。

激发下级的工作能动性

很多中层管理者比较无奈的一个问题是，自己的团队里总有一些下属喜欢“差不多”，他们行事不够利落，也不够完美，属于人在型下属，总不肯进步，甚至更像是在职场里混日子，得过且过，60 分万岁。即使人在型下属呈现出一种“佛系”的平和，我们也应意识到那是一种消极逃避的态度。那么，如何激发此类下属的主观能动性呢？

了解需求，多加尊重

从发现“佛系下属”的那一刻开始，领导的要求就与下属的行为产生了矛盾，要处理问题，就要了解矛盾的源头，追根溯源，多会回到沟通和理解不畅上。实际上，作为管理者，当一个员工进入你们的工作范畴，你们的首要任务不是为他设定目标，也不是规划绩效，最重要的一点是尝试了解他的个性和核心需求。

当今的很多中层管理者还是比较倾向于压迫性管理，而年轻人则可能从小在宠爱中长大，个性很强，很容易感到自己不被尊重，就可能产生消极逃避的心理，认为自己不必卖命，一切差不多就行。如果管理者只尝试了一个维度的管理方法，无疑会面临失败。

也许 A 的家境优渥，并不缺钱，工资的调整就很难调动他的积极性。既然 A 并不在意工资，那他心里一定存在另外的需求，比如获得正向评价等，领导可以通过在日常工作时征求意见、适当赞美等方式，给予一些肯定和鼓励，以此增强他的信心，激发他的主观能动性，比如“小李，我观察了你很长一段时间，觉得你很聪明，开会时说的建议也很到位。现在你的工作主要是……，我希望能给你更多的机会去尝试一些新的工作。你考虑一下，是不是更积极、主动地说出你的想法或给公司一些建议，我们一起尝试一下”等。

如果领导意识到下属更需要被尊重的感觉，就可以用肯定、嘉许的态度去询问，比如“小王，你觉得某事应该怎么处理会比较好”等，表示我们是一个团队，只是分工不同，没有真正的高低之分。

或许，还有一种人比较注重自我的价值感，希望能从工作中确认自己的存在和价值，此时领导可以多和下属分享一些富有趣味的项目或鼓励下属为自己喜欢的任务去努力，并给予肯定，从而让他们更积极主动。

绩效激励，考评约束

如果 B 在物质方面具有很大需求，领导就可以通过绩效激励的方式促进他们努力，最好增加几个考评维度，比如团队的配合程度、自身的学习计划等，不要将数字作为唯一维度和指标。

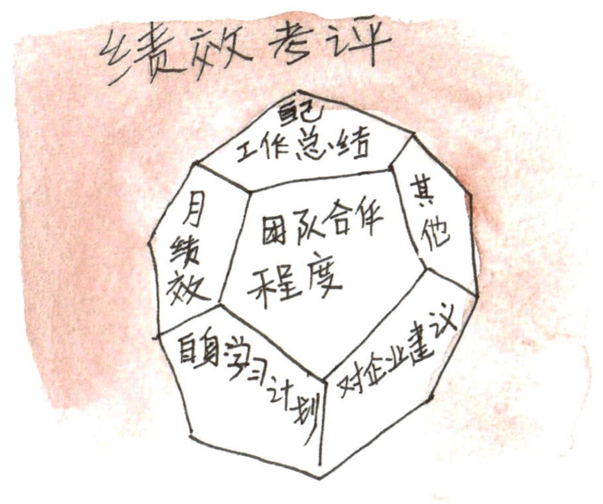

我曾在公司开会时，问每个人的学习计划，再要求大家将计划添加到个人的额外绩效里，作为一种考评，也曾尝试过分级设置绩效，员工参与的积极性很高。

总之，要激发那些“差不多下属”的工作积极性，就要开始转变管理思维，从嘉许、尊重等方面给予下属自我价值感，调动每个人的可能性；也可以通过绩效考评设置奖惩，促进下属进步和团队发展。

如何应对来势汹汹的“90后”

随着“90后”进入职场，他们也带着巨大的“90后”特点来到我们身边。身边很多朋友跟我说“90后”的员工太难留住了，一言不合就会争吵，甚至直接提出辞职。说也不行，不说也不行。有的人觉得不要管他们，他们的家里有房有车，不缺工作挣的那点钱，工作就是来打发时间玩的。有的人特别急于表现自己，短期内看不到成果就会走……总之在前辈们的心里，“90后”有各种各样的问题。所以我也跟大家分享一下如何更好地管理“90后”的员工。

“90后”基本上都是独生子女，会比较以自我为中心，因为父母只有一个孩子，很在意他们的需求满足性，会给予他们很多物质方面的满足和精神上的安抚等，总是宠着，被批评的少。他们是很自信的一个群体。另外，他们赶上了好时候，成长的过程伴随着国家日新月异的发展，所以他们捕捉新鲜事物的能力又快又好，快速学习的能力很强，创新能力也很强，视野广阔，有自己的见解和想法，热情，努力。

但是，事物都有两面性。被满足得多、及时，那么就不懂什么是延时满足。只有一个孩子，所以不知道分享的意义。在这样一种氛围中，他们的自我要求就非常的高，“我的感受很重要”“我的自我价值的确认很重要”“我希望被看到”“我希望被赞美，被认可”“我希望拿到我要的成果，并且我要马上要”……这些心理状态在他们的身上体现得特别明显。

他们其实是一个综合体，好的方面和不好的方面，都特别明显，因此，在管理他们的时候要特别注意方法。

用商量替代发号施令

第一，从态度上，用商量替代发号施令。

我们传统的管理模式大家都知道。领导说："小王，你把这些事情做一下，1，2，3，4……"这是正常的上司和下属的沟通模式。但是"90后"的这些孩子处在一个高自尊状态，小的时候，他们的父母都不大向他们发号施令，所以他们对于工作上的领导直接发号施令就会很抗拒。

在跟他们沟通的时候，我建议大家可以更多地用商量的口吻，比如："我们一起来完成一件事情好吗？""在这件事情中你们有什么样的想法""我是这样想的，你来做一下"。即要表达对他们个人的尊重，他们的感受就会很好。

如果你手下有很多"90后"员工，你就要注意自己的角色，一定不要扮演那种高高在上的领导，当然，也不能直接说你们是兄弟。最好的状态是"团队"。什么叫作团队？就像游戏一样，大家扮演不同的角色，分工不同，各司其职，比如你是领导，你坐在这样的位置上需要对结果负责。另外，在工作中，不要喊口号，而是多发掘他们的兴趣点，调动他们的好奇心。

第二，用自身的经历分享代替颐指气使。

很多领导会说："你去做就好了，这件事情我已经做过了，我觉得这样做是最棒的，你去吧。"很多"90后"的员工可能就会抗拒："你做过你觉得很好，我做过不觉得那么好。"如果这时候领导用另外的方式来说："我之前做这件事的时候遇到了A、B、C三个困难，可能会发生什么问题，希望你在做的过程中可以避免这些问题，我的经验是……，我可以分享给你……"

也就是说，永远扮演一个支持者的角色，而不是发号施令的角色。不要给人太重的权威感，而是要注重团队感。在面对"90后"的时候，领导在心态上要有相应的转换。

因为每个人都希望被支持，不希望被管理。所有的灵魂都是期待生而自由的。作为领导者，你更多需要做的就是帮助下属或者支持下属，把工作经验分享给他们，让他们最终能收获非常好的工作成果。

创造成就感：给方法不是给结论

转变心态，变成支持者之后，接下来就是要给“90后”员工们创造成就感。因为有时候我们从事的可能不是那么高精尖的工作，时间长了，人很容易没有成就感。比如办公室秘书，每天就是打印东西，复印文件，时间久了就会很乏味，产生职业倦怠，容易离职。这时，作为上级领导，你们要创造一些成就感出来。怎么做呢？给方法，但是不要给结论。

什么叫给方法？其实就是支持。什么叫给结论？比如上文所说的发号施令：这件事情这样去做，那样去做。连方法带结论一块全部都给了。领导要做的，其实是让团队成员坐在一起，像玩游戏一样，一起来商量这个部分怎么玩，那个部分怎么打。你可以让大家充分发言，最终总结出一个行动计划。这期间，每个人都参与进去了，每个人都参与本身就是一件很有成就感的事情。然后大家分工执行，在执行期间，团队要掌握好一个特别棒的节奏，一直推进，直到拿到成果，最后分享成果。

创建、执行、拿到成果、分享成果，这样的全程参与是非常容易或者说是最棒地增加每个参与人成就感的方式。大家在平时的工作中可以多留意。

关注其情绪变化，及时给予安抚和鼓励

这一点是很多领导都不怎么做的，但是你们需要在“90后”的员工身上更多地释放这种能力——关注其情绪变化，及时给予他们安抚和鼓励。为什么？

你们自己刚刚开始参加工作那会儿，没人安抚过你们，每天都在工作，工作一定要做完做好，做不好要挨骂，还要检讨自己哪里做得不好，保证下次一定都做好。但是现在的“90后”不一样，他们很多人对挫折的承受能力很差。这跟他们的生长环境有关系。上文说过，他们这一代大部分都是独生子女，小时候几乎没有经过什么挫折。父母把所有的东西都给他们，只要他们要，只要父母有，就会马上给他们，一刻都不会让他们等待。很少有父母让孩子真正延时满足过，也很少有父母会真正给孩子一些小小的可承受的挫折，让他们有那种战胜挫折、努力摆脱困境之后的成就感。大部分父母恨不得包办他们孩子所有的事情。但是，一个人如何才能成熟？是伴随着跌倒、流血流泪才能走向成熟。但是父母只希望自己的孩子成功、成熟，却不希望他们跌倒、流血。所以他们在面对挫折的时候，抗压能力会非常差。比如一件事情进行得不顺利，他们可能就会进入自我否定的状态，逃避模式开始启动。因此领导要在工作的过程中及时、敏锐地捕捉“90后”员工在情绪上的变化。

而在职场中，有一类领导的焦点在事，他们在意的是目标、规划、执行，不太在意团队中人的感受。另一类领导的焦点在人，他们情商很高，会在意团队中人的情绪状态。如果低落就去鼓励大家，如果失败就去安抚大家，因为每个人都是从失败当中取得经验从而长大的。

你们面对“90 后”员工的时候，要做一个焦点在人的领导。你们积极观察员工的情绪，安抚、鼓励，陪他们落泪，陪他们克服他们自己都觉得很难穿越的压力，这些做法都会让“90 后”成为职场中的中坚力量。用不了几年，他们就是社会的核心，他们需要浴火重生，把自己淬炼成真正的金闪闪的凤凰。

“90 后”的员工带着时代的特点，你们只有多了解、多支持他们，你们的团队和整个公司的业绩及目标才能够得以最大程度地实现。

四、如何管理平级关系

有职场中的朋友跟我吐苦水，说：“这个工作好难啊。同事都不配合。我想做一件事情，很多人会说，这个不关他的事，让我去找 ×× 或者怎样。”

在职场环境里，平级之间的竞争是非常激烈的，如何让他人成为自己的职场助力而非障碍，是一种很重要的能力。

首先，我们要界定自己的困境是否是公司的体制、流程不够完善而导致的，比如职责重叠或模糊，如果不是，我们就要从个人方面入手，明确自己需要改善的部分，将这些“拖后腿”的同事变为自己工作的助力。

做事之前先做人

通常，在职场，我会将人分为两类，一类是焦点在事，即以解决问题为导向。只要决定攻下山头，就会一往无前，从不考虑他人是否高兴，无论一路遇到谁，被何种石头绊倒，依然会坚定踢开障碍，将胜利的红旗插到山头。另一类是焦点在人，即更在意自己留给他人什么感受，会很留意他人的状态并积极给予帮助，多考虑能否团结到更多的人一起完成某事。

职场里很注重“要做事，先做人”。我们会发现，上述第二类人更容易得到别人的帮助。因此，我们要注意多加积累，平常多多助人，别人就更有可能在关键时刻伸出援手。

如果你发现同事总不愿意配合你的工作，又排除了公司的流程问题，你恐怕需要反思一下，自己是否在日常工作过程里积极、主动地协助了别人，是否在工作之余关心过同事或给过他人一些额外的帮助。只有不断自我反思，才能更快地得到成长。

增强自身能力

人往高处走，水往低处流。人们喜欢榜样的力量，如果我们具有很不错的能力，也会吸引和感召他人为我们服务。如果一个人没什么能力，即使人再好，也无法在关键时刻完成任务或给予别人帮助，如果多次求助，可能就会激发别人的抗拒心理。

比如一个女孩子，她在公司人缘还不错，但是能力水平不高，每到工作关键时刻，同事即使完完整整地告诉她这件事情可以怎样做，她也会说："我不太行，你可不可以帮我来做。"一次两次还行吧，但是时间长了，同事难道不会犯嘀咕吗？"我做我自己的工作，拿我应得的薪水，我教你已经是我额外的工作了，但是你居然还让我帮你一起做？那要不要你的薪水也发给我呢？"也就是说，经常求助，会激发别人的抗拒心理。

因此，我们要不断提升自己的能力，以便自己需要与同事配合完成工作的时候，别人会觉得自己在和一个很棒的人合作，进而产生成就感，促进下一次合作。

营造共同目标感

人性总是基于自我需求的，工作时也会更多关注自己的职责，不愿为他人的工作花费太多时间。如果我们需要与人合作完成某事，最好在沟通时营造一种共同目标感，给他一个无法拒绝的理由，比如共同利益或上级要求等。

比如你约小王跟你一起做事。你可以这样讲：“哥们，咱俩一块来配合把这件事做完。反正咱们都希望公司越来越好，是不是？如果公司未来真的能上市，咱也拿点股份，实现自我价值多好啊。”这个理由他不会说No。你也可以搬出上级：“王总觉得你确实是能跟我配合的最好的人选。”当然搬出上级并不是最好的方式，但是有的时候，当你的共同目标感不足以感召他的时候，适度给一些来自领导的小小压力是可行的。不过不要反复搬出上级，因为很多个性强势的人不吃那一套，而比较敬畏权威的和平型或活泼型人的接受度可能会更高一些。

简而言之，不要给人一种“添麻烦”的感觉，最好营造出我们是一个团队，为共同目标去努力是很自然而然的气氛。

调整语言、姿态

日常沟通时，我们的语言往往只能传达所有信息 7% 的内容，而 93% 的信息源自姿态、神情等。如果需要请求帮助，一定要注意自己的语言、姿态，高高在上很容易遭到拒绝，即使暂时没有遭到拒绝，对方也一定很不满，配合时可能不会竭尽全力。

我们要尽量保持谦卑，尊重、恳请对方配合，比如“目前的情况，我没有办法独自做完，只能请教你这个专家了”“如果你不出马，我真是没有办法了”，即将他人放在一个令人尊重的位置上，放低自己的姿态，适当示弱以激发人性的善意，也可以拿出一点优惠条件，比如“我请你吃饭或送你一个小礼物”等，至少别人会觉得“我帮了一个忙，感到自己被尊重了”。当然，个中尺度需要我们拿捏，不能毫无顾忌。

如果以上这四点你都能做到的话，你的同事们一定可以成为你前行的助力，而不会在关键时刻阻碍你的发展。

五、如何应对办公室政治

办公室政治存在的原因

有职场的朋友经常提问，如何应对办公室政治？我其实深有感触，我自己也是一路从职场小白，慢慢走上中层管理者岗位，然后做跨国公司的 CEO，接着自己出来创业的。在这一过程中，我也深受办公室政治所扰。但比较幸运的是，我学了心理学，也下功夫研究过这种情况，所以我可以跟大家分享一下，遇到这样的事情该如何去处理。

信念系统不一样

我们需要在意识层面有一个认知：有人的地方必然有政治，我们需要接纳它，这是正常的存在。为什么这样说？根本原因就是人与人之间价值观的不同。

我们一路走来，要跟很多人打交道，会发现人和人的差异很大，面对同一件事情，不同人的反应也会呈现很大差别。相信很多人都有这样的疑问：到底是什么让我和他人之间产生了冲突和矛盾呢？往往会得到这样的回答：价值观不同呗。那我们的价值观是从哪里来的？

我们先来看图，在我们的大脑中，有 12% 属于意识层面，有 88% 属于潜意识层面。在意识层面中，只有 3% 到 4% 是显意识，剩下的 8% 到 9% 是前意识。显意识就是你完全可以觉察的，你都知道的；而前意识是需要人们在比较静的状态下才能觉察的部分。

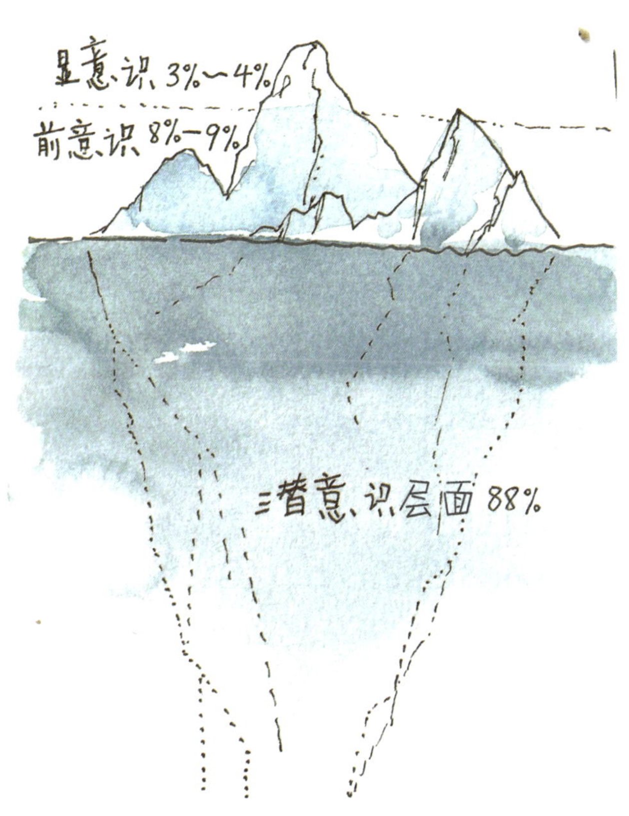

那潜意识是什么？我们用四个字就可以说清楚：信念系统。我们每个人都有。

怎么理解信念系统呢？信念系统包括信念、价值和规条，是每一个人都有，并且与其他人不同的思想发动机：一个人凭这套系统去处理人生中的每一件事。信念系统主要受家庭环境、后天教育等的影响。

首先，家庭环境对信念系统有很大的影响。我们经常说父母是最好的老师。每个孩子出生的时候都是一张白纸，在长大的过程中，被父母用各种颜色“涂抹”。比如父母爱吃什么东西，大部分孩子也会爱吃那样东西；父母有某种行为方式，孩子也多多少少会“继承”这种行为方式。如果仔细观察和思考，你会发现自己的性格当中一定有父亲和母亲的影子。你交朋友谈恋爱的时候，和对方的相处，也或多或少有父母的影子在。所以家庭环境对一个人的影响非常大，占30%到40%。心理学当中经常说小孩子在0到6岁会需要父母全面的陪伴和无条件的爱，因为这是一个建立信念系统的时间段，孩子从不了解世界到部分了解世界，基本都是由父母把自己信念系统当中的东西传递给他们。

举一个简单的例子，我们一起来看看信念系统是如何作用于我们自己的：

我有两个女性朋友A和B。A的母亲经常跟女儿说：“无论嫁给穷人还是富人，两个人相爱是最重要的，你们现在没有什么物质条件，但是以后两个人可以去创造。”A最后真的就在一堆有钱人当中选了一个穷小子嫁了。两个人因为相爱，一起去打拼，创造了一份美好的未来。

B 的母亲一直跟她说："咱们家可不富裕，你必须得嫁一个有钱人。"潜意识里，母亲给她植入的是嫁给有钱人非常重要。B 本身的条件很不错，长大以后，她不停地寻找自己的另一半，第一考虑原则就是对方是否有钱，她后来也如愿以偿地嫁到了一个有钱人的家里，但是因为最初的感情基础并不够好，最终分手了。

我举这两个女性朋友的例子，就是想让大家看到家庭环境对信念系统的影响。

其次，后天的教育对信念系统也有影响。比如从小在城镇里一起长大的两个人，一个考到大城市，一个在当地就业，10 年或者 15 年之后，这两个人会有完全不一样的信念系统，对人生的理解、处事的方式，都会有极大的不同。后天所受到的教育和获得的信息，对他们的信念系统造成了一定的影响。甚至一个家庭中的两个孩子，一个去北方打工，一个去南方打工，他们的行为习惯和信念系统都会变得非常不一样。有的人说，那如果一对双胞胎考到同一所大学，毕业后都留在同一个城市工作了，他们的信念系统也会不一样吗？当然会，比如他们交的男女朋友不一样，他们毕业之后到了不同的工作岗位上，10 年之后两个人也会有很大的不同。

信念系统的形成是如此复杂，先天地来自我们的父母，我们的父母又来自爷爷奶奶外公外婆，往上还有民族的基因、国家的基因等。再加上后天的教育经历，造就了我们身边形形色色的个体差异。

那信念系统有对错吗？你是在这样的家庭、这样的教育下长大的，你的世界观和价值观是这样的，你认为你坚守的这个东西是对的；他人是在另外的家庭和教育环境下长大的，他也认为他坚守的东西是对的。但实际上有所谓的对错吗？其实是无法衡量的。我们能做的，就是先接受对方跟我们的信念系统不一样，再做接下来的应对。

接下来我带大家了解一下，大脑是如何加工进入到我们的信念系统中的外在信息。人类的人脑会加工、筛选信息并促进信念系统的完善，而一个外在事件反映到具体行为的过程，看似短到零点几秒，却是大脑筛选信息、形成反应的过程。

比如有人骂你，你瞬间反应是愤怒，凭什么骂我？下图告诉大家，从看到这些东西到产生反应之间大脑究竟做了什么。

我们每个人的大脑都有一个过滤网，这个过滤网是做什么的？其实它是一个自我保护系统，在心理学层面称呼其为评判层。

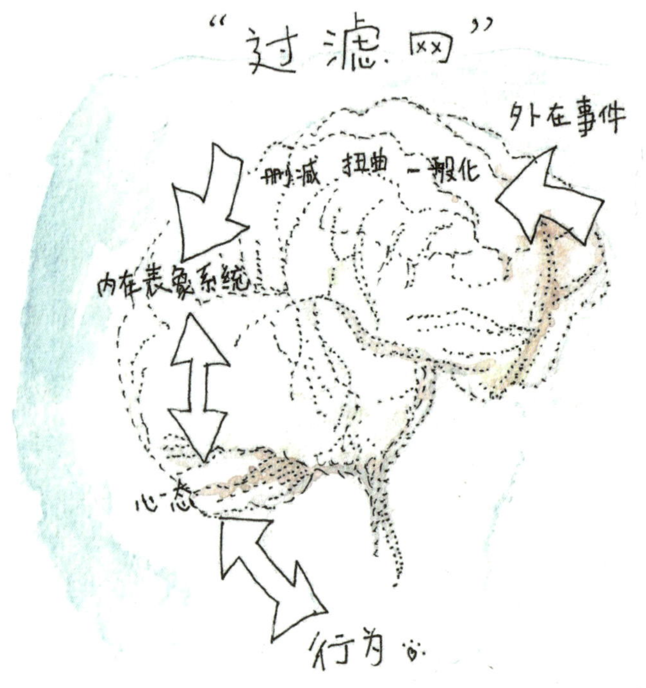

我先来举一个简单的例子。我从你的正面扔一个球给你，你接住的可能性是 100%；但是如果我同时给你扔 4 个球呢，你能接到的比例是多少？如果我让 10 个人从不同的方向给你扔了 100 个球，你能接到多少？或者同时扔了 4000 个球，你能接住多少？肯定很少。其实，外在事件发生时，我们的大脑可接收 200 万个信息源 / 秒，而我们大脑真正能够处理的只有 2000 个信息源 / 秒。也就是说，真正在我们显意识层面可以觉察到的东西是非常非常少的。

因此，大脑在接受外在大量的信息源的时候，先要删减，因为处理不过来，删减之后进行扭曲和一般化，就是把一些我们可以理解的、可以接受的、可以跟我们内在信念系统并联一起沉淀到潜意识当中的东西吸收，剩下的所有东西就都被删减掉了。也就是说，其实我们从未看到过真相，我们只看到了“自己想看到的东西”。

因此，在人际关系中，尤其是职场人际关系中，没有真正意义上的对错，只有信念系统的不同。

最重要的是“接纳”

每个人都觉得自己已经经历很多，学习过很多知识，但那些其实只是武装了我们的头脑，我们离真正了解这个世界还差得太远。但我们却把自己了解的那点，放大为我了解这个世界，我的东西都是对的，我不允许别人挑战我，我希望别人一直赞美和夸奖我，如果我跟别人发生冲突，那一定是我赢你输，等等。这样的观念一定要彻底删除掉，我经常说，我们的人际关系中最重要的两个字是“接纳”。

那我们到底要接纳什么呢？其实就是接纳彼此信念系统的

不同，接纳这个世界上有跟我们开成不一样的花朵，那样的花朵也有它存在的意义和美丽。

我们总是习惯以自己的标准去评判别人，如果能接纳彼此的不同，然后以欣赏的角度去看待他人，就有可能赢得好的人际关系。他人的内心有可能真的有不足之处，但这种不足有可能是你自己也有的，然后投射到其他人身上了。在心理学范畴中，这个叫“内在投射”，比如你讨厌骄傲的人，其实你内观自己，会发现你自己内在一定也是骄傲的，你讨厌自己什么，你就会在外面经常遇到这样的人或事情。

我们需要更多一点的时间去好好欣赏身边每一个不同的生命，去接纳身边每一朵不同颜色的花朵，并懂得欣赏它们的不同。我们欣赏对方，对方是愉悦的，他就更加愿意表露心声，跟我们走得更近，彼此之间可以建立更好的人际关系。

为什么会有办公室政治？因为有利益关系，因为有价值观差异，因为有所谓的公平与不公平。

由于信念系统不一样，大家对职场人际关系的认知是不一样的，有些人觉得自己踏踏实实做好自己的工作就行了，其他事情不关心。有些人就喜欢把自己的抱怨说出来，觉得老板不公平也要说出来，觉得谁和谁很好也说出来……这样就会导致分歧。而职场环境里特有的利益关系又促使价值观相近的人形成了“帮派”，不同的“帮派”彼此竞争时，办公室政治就形成了。

应对办公室政治三大方法

我们总在抗拒办公室政治，很多人甚至会因公司的人际关系复杂而离职、不断跳槽，希望能进入一个没有钩心斗角的公司。实际上，更换公司是没有用的，只要有人的地方，必然就有政治，我们要在意识层面明白办公室政治是无法避免的，因为人与人之间的价值观是不同的。

除了调整个人观念，我们还能如何应对办公室政治呢？

保持中立，专注自身

如果公司里存在 A、B 两个帮派，很多人可能会选择站队，也有一部分人选择独善其身，还有一些人不知所措，担心自己“既不跟着 A，也不跟着 B，就会被双方孤立，甚至无法合作”。

我个人认为，面对办公室政治，最好的态度是不参与，即保持中立，专注自身。当 A 指责 B 时，选择用微笑替代参与和回应，避免被人群或利益裹胁。无论你需要跟 A 还是 B 合作，只管坚持做好自己该做的事情就行了。

当一个人向你抱怨某件事或指责某个人时，你需要做的，就是始终保持中立态度，只微笑，只倾听，如果他说了三次，你依然只是微笑点头，他就会丧失再强调的兴趣。

必须表态时，保持乐观

如果遭遇一定要发言的情况，最好的方式是只表达积极的角度，强调某人、某事的优点，比如“可能也是他性格的一面吧”“可能也是一时疏忽吧”，不一定要讨好对方，但是坚决不在背后议论或随声附和他人的负面信息。

即使必须回应，我们也要站在理解的角度上，强调乐观的一面。

站高一线看问题

除了保持中立、强调积极，我们或许还可以引导对方从负向状态进入正向状态，即“谦善”。比如某人向你抱怨老板时，你随声附和了几句，他可能会跟别人说“×× 也说老板如何如何”，一旦传到老板耳朵里，于你无疑不会产生任何益处。

如果你选择站高一线看问题，就可以说“刘总的处理让你不满意了吗”，言外之意则是“我没有觉得不满意”；再站在公司的层面分析，可以说“公司要发展，可能面对的事很多，刘总考虑的很多因素是我们暂时没有考虑到的，你觉得呢”，或“每天携带不满工作，对我们自己的身体也没有什么好处，不如暂时放一放，我们一起努力做好工作，让公司发展起来。你觉得呢”。疑问句可以让对方从负向情绪进入思考的状态，从而变得更理性、平和。如果关于“谦善”的言辞传到老板耳朵里，你或许就会成为重点培养的对象。

站高一线看问题是一种能力，能感召别人走出旋涡，助人趋向从善和积极解决问题的状态。

作业：

回忆对之前的一个办公室事件（或现在正在经历的事件）的处理方法。

用站高一线的方法做重新的解读。

接纳≠认同≠成为

我们来看一个例子：

一个女生找到我，说："我很痛苦，因为我们经理能力很强，但一聚会就讲黄段子，真是受不了，我都想辞职了。"

我问她："他对你的工作有指导吗？"

她说："有啊。"

我问："你觉得跟着他能学到一些什么吗？"

她说："学到很多。"

我问："他是只跟你一个人讲黄段子，还是很多人？"

她说："我们部门一起的时候。"

我问："其他人反感吗？"

她说："我感觉很多人反感。"

我问："那么其他人要辞职吗？"

她说："好像没有。"

我问："你为什么不能接纳他聚会时候这样讲呢？"

她想了想说："不知道，我就是不想成为他那样子。"

看到了吗？很多人复合等同了一个概念，就是我们认为我们接纳他这样，就代表了我们认同他，紧接着，我们不愿意成为他，所以我们抗拒了。其实，我们完全可以只接纳，同时保留不认同，更不用非得成为。我们就是颜色不一样的花朵。我们尊重他以他的自由意志长成他所期待的样子，而我们，同样如此。

六、如何面对不喜欢自己的人

我们常在职场中遇到一种状况，就是怎么都没有办法和一些人和谐相处，让他们做什么都不配合，好像就是针对自己一般，整个合作过程总会出现很多意外。

在观念层面，我们要保留一个正确的认知，即世界上一定存在让我们一见钟情的人，也存在一见相恨的人，因为每个人的缘分不同，也可以说，每个人潜意识里的信念系统存在很大的差别。

心理学的“6 秒钟定律”告诉我们，当两个陌生人面对面相遇的时候，在没有开口之前，只需要 6 秒钟，我们的潜意识就会告诉自己：“那个人是不是安全的，是不是我喜欢的，我和他会长远地走下去，还是一面之缘。”

如果某个人已经判定不喜欢自己，可能就会在平时有所流露，而为了更好地开展工作，我们又不得不与他共事，此时我们就要学会理性、客观地面对自己的合作伙伴。

尝试共赢，而不是你输我赢

上文的信念系统，让我们意识到每个人都是不同的，每个人看待事物的观点也不一样。所以，我们在面对分歧的时候，可以站在互相理解的角度上思考：我们都爱玫瑰，但是我喜欢黄色，你喜欢红色，我们只是喜欢的颜色不一样，而不是喜欢红色就是错的，喜欢黄色就是对的。我们之间没有对抗的关系，我们可以一起商量一下这个问题怎么解决。把对抗关系变成共赢关系。我们用共赢的状态去接触对方，和“我一定要赢，你一定输”的状态去接触对方，对方的感受是完全不一样的。这件事你赢了，下件事你也赢了，你一直赢下去，是一件很有意义的事情吗？有的人说，我就喜欢赢，我觉得很有意义。那你就可能会陷入一种曲高和寡的境地中，会非常孤独。

种情感状态，不久后又会进入另一种状态，变动逐渐教会人活在当下，学会珍惜，往往会给人一种淡淡的温暖和安全感。

感恩遇见

人处在感情之中，心理状态往往是“如鱼饮水，冷暖自知”。面对爱人在某一刻给予的震撼，每个人的感受不同，而最重要的一点是，一段彼此陪伴和支持的感情，需要双方共同的克制努力，携手前行。

如果你和恋人中途分别，也不必过于沉溺于悲伤或怨恨中。感情是无法界定对错的，不能用道德和法律约束，也不能被怨恨和不舍捆绑，没有值不值得，只有愿不愿意。我们要尽量不让曾经美好的开始以丑陋告终。切记：如果做不到相濡以沫，那么也不要变成恶缘。

我们不一定要求自己在处理每一段情感关系时，都能做到完美无缺。人生不会白白经历某些事情，也不会白白绕了那些弯路，每一次的经历可以作为我们了解世界和完善自我的素材，在以后的某一个时刻出现，给予温暖和回忆、感动与收获。其实，我们在人生中，和自我，和他人，和自然的关系，都是需要不断适应和打磨的，我们要感恩每一个出现在我们身边的人，无论他路过我们的世界的时候，带给我们的是一份温暖，还是留下一份残缺，都希望也祝福我们能在其中有所感动和收获。

八、如何管理客户关系

陌生人“破冰六法”

第一次与客户见面时，或者第一次参加活动见到陌生人时，很多人会感到紧张、尴尬，不知该聊什么，而任何合作的开始，总是以认识、了解为先的，我们的首要任务就是“破冰”。

形象、态度准备

在你开口之前，你的形象已说明一切。记得很多年前有一本畅销书《你的形象价值百万》说的就是开口之前的准备工作。

会面之前，我们要准备好颜色简约妥帖的衣服、干净的鞋子、清爽的发型、清新的口气等，这些都是会给人留下好印象的细节。

如果你希望给人留下深刻的印象，就要花一些小心思，利用配饰打造优雅细节。

此外，还要注意保持谦和的态度、温暖的微笑。在一个陌生的场合和新鲜的环境下，你要先确认自己是秉持着一种什么样的态度在参与，要摆正自己的心态。

如果我们要在六秒钟的眼神交错里争取好感（六秒定律），最重要的就是保持亲和的微笑、开放性的姿态，呈现出一种放松的态度，给人以舒适感和安全感。

在心理学的形态微语言解读中，如果我们因紧张而出现插兜、双手抱胸等动作，就传达了一种抗拒的姿态，容易造成距离感，而开放式的坐姿和站姿则意味着我们的身体是向外敞开的，可传达出欣赏、接纳的含义。

认真观察，以赞美为开端

做好一切形象、态度准备后，我们可以观察他人的一些特点和姿态，做出初步判断，为后期的沟通、交流积累信息。如果一个人看起来整齐、干净，他的思维一般很严谨；一个穿着随意的人可能很喜欢自由；等等。

随着观察的深入，我们可以在破冰的第一步丢出一个赞美，及时给予他人肯定，从而促进关系发展得更亲密。

我某一年参加培训班，发现其中一个女同学一直不愿讲话。有天我和她一起乘坐电梯，就我们俩，有点尴尬。于是我上下打量了她一下，发现她穿了一身黑色的衣服，却戴了一枚显眼又漂亮的红珊瑚戒指，便尝试说：“你的戒指很好看，既独特又配你的气质。”很快，我就发现她从一种防卫、紧张的状态里松弛了下来，还微笑着说起了自己挑选戒指的过程。后来再次在会场中见到的时候，她穿越人群，主动向我微笑，还坐到我旁边聊了几句。

所以，观察对方身上的亮点，并且及时给予肯定和赞美，是非常好的一个破冰技术和沟通技术。

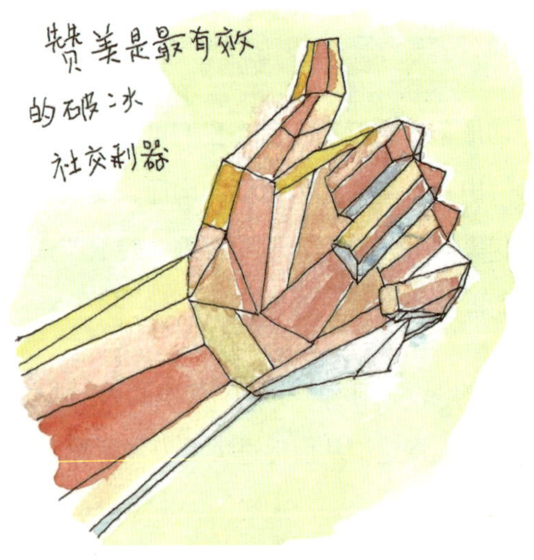

选择适当的破冰话题

我总结了一套技术叫“由泛入深”。也就是我们在遇到陌生人或不是很熟悉的朋友时，第一句该说什么、如何从简单寒暄过渡到深入交流，甚至给彼此留下良好、深刻的印象。

开场：天气等常识类话题或我们已经耳熟能详的事件。

陌生人见面，聊天气是一个很好的开端，我们可以从目前的天气状况聊到个人的身体感受，从而展开谈资，也可以聊一些众所周知的事件，比如经常在朋友圈刷屏的新闻等。

所谓“泛”就是一定要遵循一个原则，即聊一些常识类的话题，不要说到很专业的词汇，避免让人陷入尴尬。如果我和一个人初次见面，开口就问“你觉得自己在潜意识里的投射是什么样的，属于哪一型格的人”，毫无疑问，我会让别人不知所措，陷入尴尬，甚至认为“我不是一个很会聊天的人”，进而抗拒与我的沟通。所以一定要从大家耳熟能详的东西开始聊。

逐步深入：家乡、特产、美食、名人。

如果开场完成得不错，我们可以选择一个稍微具象又可以延伸的话题，比如“您是哪里人”。家乡是一个很好聊的话题，人们可能是从五湖四海的任何一个地方而来，就产生了可以延展的话题，比如“您的家乡美食是什么，曾出过哪位名人，比较著名的旅游景点有哪些”。如果你恰巧去过那个地方，也可以抛出自己的一些感受。

一旦聊起自己的家乡，人们或多或少会说到一些令自己得意或开心的事情，沟通一般不会触碰到他人的隐私和安全感，也不容易让人产生抗拒，这是很好的破冰话题，也是由泛入深的一个好方法。

沟通过程中，我们要逐步将话语权交给对方，因为由泛入深是破冰的关键过程，而人际关系的高手往往可以率先活跃气氛，进入沟通状态，再将主动权交给他人。如果你从天气话题开始主导沟通，就要在聊到家乡美食的时候逐渐让出话语权，让他人感受到分享家乡的骄傲，而你只需多加聆听就可以了。

此外，还要学会捕捉关键词，因为沟通已渐入佳境，如果双方聊得来，可能会说很多关于家乡的细节，我们要做的就是记住关键点，多提问，多倾听，进入良好沟通的循环。比如说到宁波，可以说宁波的汤圆；说到杭州，杭州有西湖，西湖很美，西湖边上都有什么好看的风景之类的。

逐步深入的界限：个人爱好，工作行业。

了解了彼此的家乡之后，我们可以逐渐过渡到个人爱好、工作行业，以及目前的工作状态上，比如“平时工作忙吗”“在工作之外，您喜欢做什么”等，但是，要注意到此为止，不能越界。

一聊到爱好，人就会变得很轻松，但也要注意一些细节，比如某人的确没有什么可以拿得出手的爱好，又觉得应该有点爱好，可能会说“我喜欢读书”等，这时你不可以此展开延伸，比如反问“那你喜欢哪位作家的书”，因为一些人可能从

未真正钻研过自己说出来的爱好。我们要避免没有结果而让双方陷入尴尬的境地。

我自己就犯过这样的错误，有一个人跟我说他非常喜欢读书，我马上问："那你喜欢哪位作家的书？"他说："鲁迅的。"我又说："那你平常看不看林语堂、沈从文的？"我发现他就卡在那里，好像没听过这两个名字一样。两个人坐在那里，显得非常尴尬。

如果聊天过程中发现他人可能不是很喜欢聊个人爱好，就要迅速转移话题，不要让对方尴尬。如果你能随时让对方感到轻松愉悦，能让对方喜欢和你聊，你就成功了。

作业：

1. 为自己准备一份陌生人破冰计划表。

2. 如何进行自我形象管理、观察？如何开口说第一句话？如何准备聊天预案？

避开聊天禁忌：个人收入、子女父母状况、房子、车

很多人不是很清楚聊天的界限，甚至完全不知道聊天禁忌，容易触及他人不愿展开的话题。个人认为，我们不仅要在陌生人之间的沟通里注意一些禁忌，即使面对的是比较熟悉的朋友，也最好不要问个人收入、房子、车子等话题，因为人们总希望自己是完美的，不愿将那些不完美的部分置于人前。不管你是否清楚朋友的现状，请相信朋友可以经营好自己的生活，不要将自己的好奇和主观意愿强加给别人。

什么叫强加？强加就是，我们不断有判断，我们不断给方

法，“你不能跟你老公这个样子，你应该什么什么样子”“现在的工作其实不适合你，你可以干别的”等等。

在心理咨询中有一个原则，大家可以用在自己的人际关系当中，会非常受欢迎，即“不求助，不帮助”。就是当对方没有伸手或者张嘴向你求助的时候，不要施以过多的热情。很多人会推着自己满满的一车苹果给别人，让别人吃，说这个苹果特别好吃，吃了美容，补充维生素。但对方没有收，或者很勉强收下了，弄得我们自己也不爽。但是不爽是自己造成的，因为你没有观察到对方其实是需要一颗梨的。你没有锁定对方的需求，就贸然施以援手，这样的援手别人是不需要的。

如何化解尴尬

某些时候，我们可能会在人际交往的互动中造成冷场或尴尬，不知道说什么，沟通也难以进行，此处分享两个缓解尴尬的方法，即重复上一句和提问。

第一个，重复上一句。

活泼型的人可能比较喜欢说话，似乎永远充满活力，能给予人快乐，可也有一些时候，他们会令人感到疲惫。

> 一个活泼型的朋友曾兴高采烈地为我讲述自己的周末，而那时的我已经加班很久，身心疲惫，可又不愿意让朋友觉得被冷落，就尽量保持在倾听的状态。
>
> 他说："今天我去看了一场电影。"
>
> 我就重复他的上一句："看电影了。"
>
> 他又开心地告诉我："那个片子很好看。"
>
> 我继续重复："嗯，很好看啊。"

通过不断重复朋友的话，表示自己在倾听状态，也可以鼓励朋友继续开心地说下去。

第二个，用提问化解尴尬或者冷场。

有一次我去参加一个活动，吃饭的时候，主人安排坐在我右手边的是中国的一个核潜艇专家。当时我并不认识他，跟他从泛到深聊了一会儿。

我说：“您做什么行业？”

他说：“我是做核潜艇设计的。”

我当时就晕了，因为这个领域，我确实不熟悉，那接下来我该怎么办？我就开始提问：“李老师，如果不涉及国家机密的话，您能大概给我讲一下，核潜艇是由几部分组成的吗？”

他大概跟我讲了讲：“就像汽车一样，汽车有方向盘、发动机底盘、电路系统，那么核潜艇有……”

然后我又继续提问，因为我是真心地想去了解，也对这个行业的人有一种尊敬，所以一直保持着特别恭敬的态度，不断地看着他点头（我很崇拜您，我特别欣赏您，您讲的知识简直让我受益匪浅）。在整个吃饭的过程中，其他人跟他都没有说两句话，因为他本身不爱讲话，但是跟我聊得最多，他最后走的时候还越过好几个人过来跟我握手，说有机会再聚，他很喜欢跟我聊天。

所以，化解尴尬的时候，你可以用重复上一句的方式，也可以用提问的方式，但是提问的时候一定要留意你的态度。因为有些提问富有攻击性，你自己可能意识不到，有时抛出一个问题，其实不是在请教，而是在抬杠。上文讲到聆听的时候，我们提过“选择性聆听”，其实就是只听我想听的，不对的我就要跟你抬杠。所以提问的时候，一定要注意自己的情绪和态度，要请教式提问，而不是抬杠式提问。

20/80 原则

我们会下意识地认为，能说会道的人往往人际关系很好，而事实是说多错多，但是完全不讲话也无益于人际关系的发展，我们可以尝试用 20/80 原则规划和改善自己的表达。

你可以尝试在沟通时统计自己的表达、倾听，记录它们的占比，不断调整并尽量保持 80% 的倾听、20% 的表达。我们要学会做提纲挈领式的记录，帮助我们在 20% 的时间里完成清晰的总结，发表自己的看法，将欣赏、赞美有效传达给对方。

作业：

1. 尝试“重复上一句”的沟通方式，看看效果如何（如果你是不善于讲话的人）。

2. 尝试“20/80原则”方法，多听少说，看看效果如何（如果你是特别喜欢讲话的人）。

密而不亲，智慧管控

职场关系关乎利益，甲方和乙方之间的关系可以概括为客户与产品或服务之间的关系，也必然存在利益关联。管理客户关系最重要的原则是——密而不亲，即可以保持紧密的业务联系和互动，以及不时的问候，但仍要保持一些距离。

甲乙双方合作不久，乙方员工跳槽到甲方公司的变故屡见不鲜，从乙方离职的人往往会被乙方公司批判，到了甲方之后，甲方领导可能会认为“假以时日，你还会为更大的利益做出同样的事”，也很难给予信任。

作为员工，我们要对自己和两方的公司负责，就要尽量与合作公司保持距离，更要注意管控“甲乙方的男女关系”。

比如甲方的沟通人员是男性，乙方负责沟通的是女性，就更要注意在合理距离内工作。

保持职业性

调查显示，有30%的职场人士表示，曾在工作中遇到性骚扰情况，其中女性占七成，受害人数比男性高出四成，所以我在书中着重讲述女性如何管控职场中的男女关系。

无论在什么场合，处于何种利益关系中，女性要做到自尊自重，不给男性幻想的空间，比如尽量避免在饭局里饮酒或做出过于亲密的举止。也许你并没有什么意图，可别人或许会误解，甚至要求你以屈从作为合作的隐藏条件，令你陷入被动局面。如果一开始你就尽力展现自己的职业性，客观冷静地进行项目谈判，也无外乎两种结果——成交或失败。不管是哪一种结果，你可以得到自始至终的尊重，也可以冷静分析成败原因，总结经验和教训，为自己的发展奠定基础。

委婉拒绝暗示

为了更好地开展工作，你也可以尝试一些保持距离的小技巧。

如果你单身，参加饭局时可以在无名指戴一枚戒指，暗示自己“已婚”，隐喻男性保持距离，甚至在饭局里“无意”谈谈自己的“丈夫和孩子”，以彰显“家庭和睦”，知分寸的男性会知道自己应该保持一点距离。如果自己做了所有努力，男性仍然给出了一些不合理的暗示，比如“天冷了要加衣服”“不知道周末是否可以一起吃饭”等，很多人碍于合作关系，不好直接拒绝，建议用“装傻”的方式委婉拒绝。如果你认为男性在明显示好，而你对其又没有任何超出工作之外的感情，建议以工作或要陪家人为借口拒绝，坚持拒绝三次，就是严肃表明自己的态度了。

还有一些甲方的男性可能会明示感情，认为自己的经济实力和社会地位足以赢得芳心，作为女性，如果你没有工作之外的意图，最重要的还是要在尊重的基础上委婉拒绝，对男性的喜欢和欣赏表示感谢，再以项目仍在存续期间为借口，要求双方依照正规的流程和各自的职业性完成合作，切忌传达一些似是而非的回应，以免使工作陷入暧昧关系里。

总之，无论甲乙双方是以何种形式展开合作或谈判，坚持密而不亲的原则，保持彼此之间的距离，是对工作、对双方负责任的一种做法。

作业：

有的时候我们的关系管理会失控，是什么原因造成的？

你在奢望和期待什么？又担忧和恐惧什么，又是什么妨碍了你的判断和抉择？

维系人脉五步走

随着职业生涯的发展，我们会发现一个人单打独斗终究不够，要实现更好的发展，就要掌握更好的社会资源，即人脉，借风使力方可飞得更高、飞得更快。如何挖掘、靠近、撬动优质的人脉资源呢？通常，我们可以分五步实现。

厘清自己，明白自己要什么和决定成为什么样的人

在争取资源之前，我们先要理清自己，明白自己要什么、决定成为什么样的人。一些人可能会说："人往高处走，我要是认识马云多好。"问题在于，你要明白自己需要从马云那里得到什么支持。假如马云认识你了，他问你想做什么的时候，你说："还不清楚，我只是想认识你一下，因为你是成功人士。"这种沟通是无效的。他大概会说："那我祝福你，等你有明确目标的时候再找我吧。"

所以，为了认识而认识的资源是无效的，我们必须确定一个明确的目标，在努力的同时积攒资源。你需要一点时间，静下来思考"我究竟想要什么""我希望我在十年、二十年后，甚至老去的时候，要成为一个什么样的人""我愿意在哪个行业工作，并成为业内的什么人物"等。

作业：

1. 我到底想成为什么样的人？为了成为那样的人，愿意坚持多久？

2. 如果最终没有成为那样的人，我是不是会充满遗憾？

遵循能量相吸定律，让自己“成为”

什么是“成为”？我们先举一个简单例子。一个卖钻石的人，不太可能跟一个卖白菜的人长期在一起聊天，并成为极其要好的朋友。并不是说卖钻石的人高贵，卖白菜的人低贱，生命是平等的。只是两个人处于不同的圈子，价值观存在差异，而“能量相吸”源自价值观趋同，即同行业、同爱好或同思维等。比如都是“驴友”，喜欢到处玩，那在旅行方面大家会有共同话题；比如收入水平差不多、消费水平也都差不多的人，聊到什么牌子也都知道；等等。

生命平等，而价值观存在层次高低。比如马云先生是一个想改变很多中国人使用互联网习惯的人，他把社会、把国人的福祉放在自己整个思维体系当中；而很多人每天都想着如何多赚钱，如何功成名就，住大别墅，开豪车。这是两种明显不同的价值观层级。马云先生明显就是价值观层级比较高的那种人。

高价值观层级的人最典型的特点是，不只为自己而活，他们心里装着更多的人，愿意为更多的人服务，他们愿意帮助这个世界，愿意为改善社会做一些事情，极具影响力，也可以引导很多人前行。

所以“成为”，不是说你只有拥有像马云那么多钱之后，才能跟他交流做朋友，而是要让自己的心里也能装下那么多人，成为那样高价值观层次的人。比如在工作里寻求赚钱之外的价值，抑或不断尝试向更多人施以援手。

当然，我不是说我们每个人都要锁定马云。可能你想成为一个明星，或者你想成为某个领域的专家，无论你想成为谁，这个人都是在你自己的领域里更高价值观层级的人，只要你能坚持努力，让自己不断贴合自己喜欢的“角色”，就会渐渐成为那样的人。只有你自己先转变了，你才会有可能吸引更多高价值观层级的优秀人物，从而拓展人脉，形成循环。

寻找资源较多的场所

如果你要找到某个可以帮助你实现某事的“贵人”，可以先尝试寻找类似的人脉资源所在的场所，比如你需要投资，就要知道做金融的人经常在哪里活动。从爱好划分的话，如果他们更喜欢打高尔夫球，你就可以去办一张高尔夫球卡，也去打，遇见的概率总比在大街上高吧。如果他们喜欢收藏品，你可以去拍卖会看看，结识的可能性也会比较大。一些企业家的年会，你也可以想办法进去，主动结交。或者可以通过朋友介绍进入某些固定圈子，大家一起喝下午茶或者聊聊天，尽量保证自己的出现和沟通的高效性，寻求认同感，促进合作。

管理时间精力，拒绝无效社交

现代人生活节奏越来越快，工作、社交也越来越饱和，不得不开始管理自己的时间和精力，减少一些无谓的浪费。如果我们要在自己的生活里做出筛选，可能最需要删减的就是无效社交了。

一个朋友曾说自己除了上班，经常花大量时间进行社交活动，甚至一晚上会陆续出现在三个饭局里，我问他："你累吗？"

朋友说："特别累。"

我只好问："那你为什么不多花点时间休息呢？"

他回答："我觉得多个朋友多条路。"

我说："但天下的路不是每一条都是坦途，你同意吗？"

也许，很多人和我的朋友一样，希望通过社交为自己开辟天地。认为只要多认识人，就一定会有产出，实际上未必。我们恰恰要去做的，就是精简自己的圈子，释放自己的有效时间和精力，做专注的投入。比如，我想要一口泉眼，我有十分力气，可是我没有集中在一个地方打泉眼，而是分散到十个地方去打了，那我永远都挖不出泉水。但是你勘探之后，发现这个地方有泉水，把时间和精力都集中在这一个地方，你就非常有可能在最短的时间内，找到泉眼，挖出泉水。

不管我们多了几条路，没有一条会是畅通无阻的坦途，真正能让我们渡过难关、实现理想的，永远是能力。我们总是会花很多时间流连于微博、微信、QQ 等社交软件，却没有得到任何实质性的收获，只是在打发无聊的时间。如果将那些虚度在无效社交里的时间累积起来，供你去做个人提升、结交那些真正可以帮助你的人，或许你很快就会成为自己期待的样子，你的人生也会越来越趋近于自己心目中的理想人生。

一个成熟的人，知道为社交做减法，明白如何精简自己的圈子，也会在能力层面释放自己的时间和精力并保持专注的投入。

作业：

整理你的微信和QQ，重要的人，但两周以上未联系的，请问候；日常的好朋友，发些感人互动话语，组织一次线下活动；三个月以上未联系，也极少互相关注的，可删除。

管理欲望，重在做人

这个社会节奏越来越快，越来越功利，很多人忙于追逐物质而忽略了做人的重要性。中国五千年来不曾中断的处事状态，是“尽人事，听天命”，而不是“尽事人”。因为做人在做事之前，而那些会做人的人，理解他人的不容易，会吸引众多优秀人物，往往比一个“焦点在事”的人更容易取得成就。

人的欲望是无穷的，也许你已经实现了十年前所理解的终极梦想，可又萌生了新的欲望且不得不为之奔波，或许你可以暂停脚步问问自己：“我真的要成为欲望的附庸吗？”

个人认为，欲望是不可少的，但也不可泛滥，如果我们能合理管理自己的欲望，坚持初心，或许可以让欲望成为人生追求的助力。

大道至简，我将这世间的事情分为两种：自己能控制的事情，自己掌握不了的事情。

对于“自己能控制的事情”，我要求自己竭尽全力；对于“自己掌握不了的事情”，我选择“顺其自然”。很多人的“顺其自然”是无奈之下的阿Q精神，但我一直认为，未经努力的人生，是不值得过的。所以，集中你的想法和行动，好好做人，尽力做事，接纳结果。

总结

职场里有很多种关系，跟上级的，跟平级的，跟下级的，跟客户的，跟供方的……管理好职场关系，可以让他人成为你的职场助力，而不是障碍；可以让他人帮你铺路，而不是拖后腿。

职场关系的范畴管理，有三个部分需要注意：第一，是管理与他人的社交尺度；第二，是人际关系的范畴管理，更好地划分清楚你和上级之间的关系、和平级之间的关系，以及和下级之间的关系；第三，是关于自己情绪的范畴管理。

后　记

过去二十多年的职场生涯和专业的心理学学习带给我很多实践经验，可一想到要形成文字，总是心存忐忑，《你所有的努力，都该被看见》的出版，也因此酝酿了近三年。

时常发愿，愿成为一枚火种，温暖优容这世界的孤冷；愿成为一座灯塔，去支持那些迷茫无措的生命；愿碾碎成尘，铺设一条坦途，道路的终点，名为“幸福”……而书籍是很好的载体，愿借此达成所愿，帮助更多的人，成为“所在之处的，一道光明”。

很期待此书能向你展示一些不一样的视角和方法，令你的生活有所不同。但期待终究是期待，我只能真诚地用尽全力，“将石头丢进水里”，而最终的涟漪是否广泛、能持续多久，还需顺其自然。

谨以此书，献给我挚爱的母亲西振兰女士，感恩她给予了我健康的身体、独立的思维，肯于付出的勇气，以及一颗追求自由灵魂的心。

感谢我的好友陈伟鸿、黄若葵夫妇一直以来的支持和鼓励。

感谢我的学生们，是你们的信任与分享带给我更多角度、更深入的思考。

感谢胡乐阳老师、刘重飞老师、吴捷老师、王海龙老师，对书中图示的设计与贡献。

感谢时代光华图书出版公司的选择，感谢王光海老师及编辑刘敏敏的辛苦付出。

最后，感谢世上所有我爱且爱我的人。

祝福所有的生命都能被尊重与善待，祝福所有的努力都能被看见。